장보고

글쓴이 **김종상**

경상북도 안동에서 태어났다. 1958년에 〈새벗〉에 동시가 입선되었고, 1960년 서울 신문 신춘문예에 당선되어 작가 활동을 시작했다. 동시로 대한민국문학상, 동화로 어린이문화대상, 노랫말로 대한민국동요대상 등을 수상했다. 한국아동문학가협회, 한국글짓기지도회 회장을 역임하였으며, 현재 국제 펜클럽 한국 본부 이사로 일하고 있다. 지은 책으로 《어머니 무명 치마》《흙손 엄마》《생각하는 돌맹이》《날개의 씨앗》《아기 사슴》《방울이의 신발》 들이 있다.

감수자 **하일식**

1961년 부산에서 태어나 연세대학교 사학과를 졸업하고, 같은 대학 대학원에서 한국 고대사를 깊이 전공했다. 지금은 연세대학교 문과대학 인문학부에서 학생들을 가르치고 있다. 지은 책으로는 《사진과 그림으로 보는 한국의 역사》《문답으로 엮은 한국 고대사 산책》이 있고, 옮기고 펴낸 책으로는 《백남운 전집》이 있다.

장보고
우리가 잊지 말아야 할 나라를 지킨 장군 3

개정1판 1쇄 인쇄 | 2019년 9월 23일
개정1판 1쇄 발행 | 2019년 9월 27일

지 은 이 | 김종상
감 수 자 | 하일식
펴 낸 이 | 정중모
펴 낸 곳 | 파랑새
등　 록 | 1988년 1월 21일 (제406-2000-000202호)
주　 소 | 경기도 파주시 회동길 152
전　 화 | 031-955-0670　팩　스 | 031-955-0661~2
홈페이지 | www.bbchild.co.kr
전자우편 | bbchild@yolimwon.com

ⓒ 파랑새, 1999, 2002, 2007, 2019
ISBN 978-89-6155-869-3 74910
　　　978-89-6155-866-2 (세트)

• 책값은 뒤표지에 있습니다.
• 출판사의 허락 없이 이 책의 일부 또는 전체를 인용하거나 발췌하는 것을 금합니다.
• 본 도서는 파랑새 〈인물로 보는 한국사〉 시리즈를 재편성한 도서입니다.

어린이제품안전특별법에 의한 제품 표시
제조자명 파랑새 | 제조년월 2019년 9월 | 제조국 대한민국 | 사용연령 10세 이상

우리가 잊지 말아야 할 나라를 지킨 장군 3

장보고

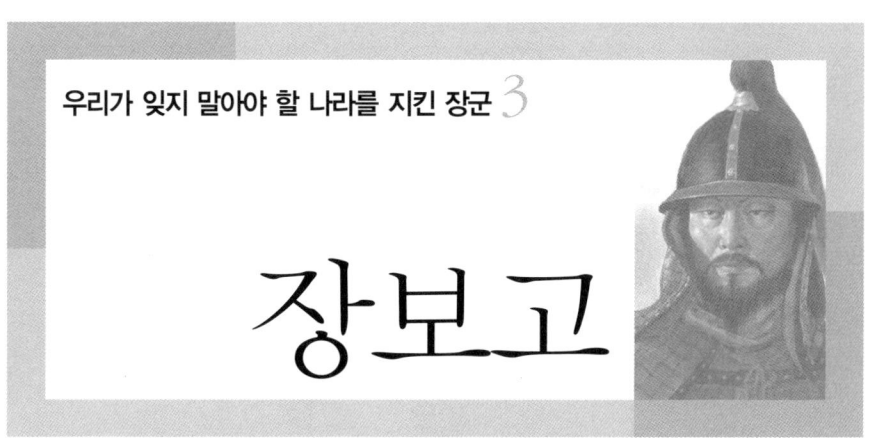

김종상 글 | 하일식 감수

파랑새

추천사
삶의 등대가 되어 주는 역사 인물

'도로시'라는 미국의 교육학자는 '아이들은 사는 것을 배운다'라는 유명한 시를 남겼습니다. 그 내용은 다음과 같습니다.

만일 아이가 나무람 속에서 자라면 비난을 배웁니다.
만일 아이가 적개심 속에서 자라면 싸우는 것을 배웁니다.
만일 아이가 비웃음 속에서 자라면 부끄러움을 배웁니다.
만일 아이가 수치심 속에서 자라면 죄의식을 배웁니다.
만일 아이가 관대함 속에서 자라면 신뢰를 배웁니다.
만일 아이가 격려 속에서 자라면 고마움을 배웁니다.
만일 아이가 공평함 속에서 자라면 정의를 배웁니다.
만일 아이가 인정 속에서 자라면 자기 자신을 좋아하는 것을 배웁니다.
만일 아이가 받아들임과 우정 속에서 자라면 세상에서 사랑을 배우게 됩니다.

이 아름다운 시처럼 우리들의 아이들은 끊임없이 세상에서 무엇인가 배우고 있습니다. 자라나는 아이들에게 사는 것을 배우게 하는 가장 좋은 방법은 무엇일까요? 그것은 아마도 우리나라가 낳은 조상들 중에서 훌륭한 업적을 이룩하신 역사적 인물들을 배우고 그 인물들을 통해서 그들의 애국심과 남다른 인격을 본받는 것입니다. 지금까지 어린 아이들을 대상으로 하는 위인전은 많이 있었지만 이번에 발간한 인물 이야기처럼 이제 막 인격이 성숙하기 시작하는 초등학교 고학년에서부터 사춘기에 이르는 중학생을 상대로 한 인물 역사책은 거의 없었던 것으로 알고 있습니다. 사실 이런 책들은 역사를 인식하고 역사적 인물을 이해할 수 있는 연령을 대상으로 하였을 때, 비로소 그 빛을 볼 수 있다고 생각합니다.

꼭 알아야 할 역사적 인물을 선정해서 발간하는 이 책은 우리 아이들에게 무한한 자부심과 희망과 꿈을 키워 줄 것입니다.

그리고 이 책은 역사학자들의 철저한 감수와 고증을 거쳐 역사적 사실이 흥미 위주로 과장되거나 주관적인 해석으로 왜곡되지 않고 정확하게 전달되도록 온 힘을 기울였습니다.

존경하는 인물을 한 사람 가슴에 품고 자라난 아이들은 가슴 속에 하나의 등대를 갖고 있는 항해사와 같습니다. 아이들의 먼 인생 항로에서 언제나 꺼지지 않는 등불이 되어 절망과 역경에 이르렀을 때도 그 앞길을 밝혀 주는 희망의 등불이 될 것입니다.

자라나는 아이들은 미래의 희망입니다. 그들에게 사는 것을 가르치기 위해서는 아이들이 살아갈 조국, 내 나라 내 땅을 위해 땀과 피와 목숨을 바친 훌륭한 역사적 인물들의 씨앗을 우리 아이들의 가슴 속에 뿌려 주는 일일 것입니다. 그 씨앗은 아이들 가슴 속에서 무럭무럭 자라나 마침내 아름다운 꽃과 무성한 열매를 맺게 될 것임을 저는 의심치 않습니다.

이어령 전 문화부 장관

지은이의 말

    장보고는 우리나라 역사상 가장 위대한 해상 무역왕이요, 동양의 해상권을 장악한 영웅이었습니다.
    섬에서 태어난 장보고는 미천한 신분이었습니다. 그때의 신라는 귀족만이 벼슬길에 오를 수 있었기 때문에 장보고의 출세는 한계가 있었습니다.
    장보고는 자기의 꿈을 바다에서 펼쳐 보기 위해 당나라로 건너갔습니다. 당나라에서 피나는 노력으로 기반을 닦게 되었고 무령군 소장이 되어 적산포를 근거지로 무역 활동을 적극적으로 벌였습니다.
    장보고는 참애국자였습니다. 당나라에서 활발히 활동하고 있었지만 마음은 신라에 있었습니다.
    당나라의 해적에게 붙잡혀 온 신라 사람들을 보고 더욱 해상권을 장악하겠다고 다짐하곤 귀국하게 됩니다. 이것이 바로 장보고의 애국심입니다.

마침내 청해진을 중심으로 해상권을 장악하고 무역 활동을 힘차게 벌여 그 이름을 드높였습니다.

　왕권 쟁탈전에 휩쓸려 마침내 자객에 의해 목숨을 잃었지만 그는 끝내 권력 다툼에 몸소 끼어들지 않는 초연한 해상왕이었습니다.

　태평양 시대를 맞이하고 있는 이때, 만일 장보고의 죽음이 비극적이 아니었다면 우리 나라는 강력한 해양 진출국이 되었을지도 모릅니다.

　역사는 만약이라는 가정이 필요없으나, 장보고가 그렇게 자객에 의해 암살당하지 않았다면 신라는 어떻게 되었을까, 지금 우리나라는 어떤 모습으로 세계 속에 서 있을까 생각하니 그저 아쉬움이 남습니다.

　우리는 해상 영웅을 역사의 뒤안길에 묻어 두었는지도 모릅니다.

　이제 장보고는 세계 속에 한국의 해상 영웅, 아니 세계의 해상 영웅으로 여러분을 통해 다시 태어날 수 있을 것입니다.

김종상

차례

추천사 5
지은이의 말 8

1. 넓은 바다로 향하는 소년의 꿈 12
2. 당나라로 간 섬 소년 28
3. 외롭지 않은 신라방 사람들 48
4. 당나라에 이름을 떨친 두 청년의 활약 60
5. 꿈을 펼친 법화원 79

6. 장보고의 곁을 떠난 정연　　　　　96
7. 고국에서 꿈을 펼치리라　　　　　108
8. 청해진 대사로 임명된 장보고　　　123
9. 청해진에 세워진 작은 왕국　　　　137
10. 국제 무역항으로 바뀐 청해진　　 152
11. 왕위 쟁탈전에 휘말린 장보고　　 173
12. 파도 소리에 묻혀 버린 청해진의 꿈　193

1. 넓은 바다로 향하는 소년의 꿈

    궁복은 동산 위에 올라 눈앞에 펼쳐지는 여러 섬들을 바라보고 있었다. 섬들이 바닷속에서 하나 둘씩 톡톡 솟아오르는 듯했다.
"궁복아, 무얼 그리 생각하니?"
옆에 있던 정연이 물었다.
"참 이상하단 말이야."
"뭐가?"
"바다가 훤히 트이지 않고 갈매기가 똥을 마구 갈긴 듯 섬투성이니, 훤히 트인 바다를 바라보면 속이 시원할 것 같아."
"신이 이 땅을 만들 때 뭔가 성이 난 모양일 거야. 그래서 땅을 만들던 손으로 흙을 몇 점 뿌려 놓은 것이 그만 이곳 바다의 올망졸망한 섬이 되지도 몰라."
궁복은 정연의 말에 그만 픽 웃었다.
"너는 말도 잘 둘러댄다."
궁복은 정연의 어깨를 툭 치면서 집으로 내려갔다.
"궁복아, 우리 자맥질이나 하자. 우리 재주는 그것뿐이잖니?"

정연도 궁복의 뒤를 따라 동산을 내려갔다.

두 소년은 갯마을 장좌리에서 태어났으며, 장좌리의 남쪽 180m 되는 곳에 무인도인 조음섬이 있는데 이 섬을 바라보며 자랐다. 장보고의 청해진 군사기지는 지금도 장도(將島)라고 불리는 이곳에 있었다.

두 소년은 날만 밝으면 바닷가로 나왔고 물 속에 들어가 자맥질 연습을 하였다. 틈나면 작은 고기잡이배로 고기도 잡았다. 밤이면 바다 물결소리를 들으며 자랐다.

궁복과 정연은 형제 같았다. 바늘 가는 데 실 따르듯 언제나 단짝이었다.

열 살이 채 넘기가 바쁘게 두 소년은 바닷물 속에 들어가 멀리 헤엄쳐 가기를 곧잘 했다.

"너희들은 어찌 그리도 헤엄을 잘 치니?"

갯마을 사람들은 늘 칭찬이었다. 물 위에서 헤엄치는 것쯤은 바닷가 사람이면 누구나 예사로 할 수 있다. 그러나 물 속 깊이 잠겨 멀리 간다는 것은 흔한 일이 아니었다.

두 소년 가운데 정연이가 바닷물 속에선 으뜸이었다.

정연의 무자맥질은 이 갯마을에서는 너무나도 잘 알려져 있었다. 한번 물에 잠기기만 하면 거의 반나절이나 지나서야 물 속에서 나온다고 했다. 어떤 사람은 한술 더 떠서 물 속에서 한 50리나 걷는다고도 했다.

물개라야 옳다. 정연은 정말 물개였다. 물 밑이나 물 위를 마음대로 헤엄쳐 다닐 수 있으니 그게 물개가 아니고 무얼까? 아니 물개보다 더한 재주를 가졌다고 할 수 있었다.

그것은 정말 놀라운 일이었다. 아무래도 헤엄 재주는 정연이만 못한 걸 궁복은 알았다. 그러나 정연을 따라 열심히 바닷물 속을 누비며 자맥질을 익혔다. 정연이만은 못하지만 웬만한 섬 사람들보다는 물 속에서 오래 견디는 실력이 붙었다. 사람들은 궁복이도 정연이처럼 물귀신이 되었다고 했다. 아니 한 마리 물개라고 했다.

두 소년은 바다로 나가거나 말을 타고 산등성이를 오르내리며 무예를 익혔다.

해가 기울도록 말타기와 활쏘기를 하다가 돌아오곤 하였다.

궁복은 나이가 들면서 무언가 모르게 자신의 가슴을 짓누르는 게 있다고 느꼈다.

'그래, 대장부로 태어나서 이 조그마한 섬에 처박혀 지낼 수는 없지.'

궁복은 이렇게 생각하며 가슴이 짓눌려 오는 걸 참았다. 궁복은 누구에게도 가슴 속에 간직한 꿈을 좀처럼 털어놓지 않았다.

궁복은 개펄을 오르내리며 먼 바다에 돛대를 달고 유유히 떠다니는 장삿배를 볼 적마다 꿈에 부풀었다.

'대장부가 할 일은 고기잡이 따위가 아니다. 큰 배를 타고 아득한 바다로 저어 나가면 바다 저편에는 헤아릴 길 없는 꿈의 나라가

있을 거야. 사내인 내가 이런 꿈의 나라를 찾아가지 않고 이대로 살아갈 순 없지.'
이런 생각을 할 때마다 궁복은 주먹을 불끈 쥐었다.
그건 궁복만이 간직한 생각이다. 이런 궁복의 생각을 눈치챈 사람은 정연이뿐이었다.
정연은 궁복에게 이렇다 저렇다 말을 하지 않았다. 고기잡이하다가 싫증이 나면 궁복과 바닷속에 뛰어들어 자맥질을 하면서 마음을 달랬다.
궁복이 열여덟 살 때였다.
언제나 그랬던 것처럼 그 날도 궁복은 정연과 함께 산으로 올라갔다. 바다엔 돛을 단 배가 수없이 떠 있었다. 조그만 섬 사이를 쏙쏙 빠져 나가고 있었다.
"정연아, 우리 서라벌에 가서 벼슬하지 않을래?"
궁복이가 느닷없이 정연이에게 물었다.
"갑자기 그게 무슨 소리니?"
"이곳에 틀어박혀 고기잡이나 하고 살아갈 순 없잖아?"
정연은 이제야 궁복이가 속마음을 털어놓는구나 생각했다.
"우리가 어떤 신분인지 알기나 하고 하는 소리야?"
"우리 신분이 어떤데?"
"고기잡이나 하는 어부의 아들이 아니냐. 천한 백성이 어떻게 서라벌에 가서 벼슬을 할 수 있니? 이곳 근처의 사람들이 서라벌에

서 벼슬살이하고 있는 거 봤어?"

궁복은 정연의 말대꾸에 말이 없었다. 이런 궁복이도 요사이 그 사실을 어렴풋이 알게 되었다. 서라벌에서 벼슬을 하자면 진골 귀족 출신이어야 한다고 했다.

당시 신라에서는 국가의 모든 요직을 진골 출신들이 독점하였다. 6두품 출신들도 중앙관청의 장관이 될 수 없었고 차관에 머물러야 했다.

하물며 지방 사람들은 어떠했겠는가? 지방에 파견되는 태수나 현령 등은 모두 서라벌에서 파견되었고, 지방인들은 기껏해야 그들을 보좌하는 역할을 할 뿐이었다. 그나마 그런 역할도 아무나 한 것이 아니라 지방에서 세력깨나 부리는 집안이라야 했다. 나머지는 근근이 농사지어 먹고 사는 것이 고작이었다.

"올라가지 못할 나무는 쳐다보지도 말랬어. 우리 같은 어부의 아들이 될 성싶은 소리냐?"

궁복은 그래도 말이 없었다. 화가 치미는 걸 참고 있는 듯했다. 바위 옆에 솟아난 동백잎을 하나 따서 입에 넣어 질근질근 씹었다.

"세상은 왜 이렇게도 공평하지 않지? 서라벌 사람들이나 이곳 사람들이 생긴 것은 똑같은데, 어찌하여 서라벌 사람들에게만 벼슬길이 열려 있단 말이냐?"

궁복은 입에 물고 질근질근 씹던 동백잎을 내뱉었다.

'차라리 배를 타고 저 멀리 가 볼까?'

장보고

궁복은 이때부터 바다에 대한 꿈을 부풀리고 간직하기 시작했다.

'내 나라에서 이렇게밖에 살지 못할 바에는…….'

궁복은 어금니를 지그시 물었다. 궁복은 말타기나 활쏘기 연습도 그만두고 힘없이 집으로 내려왔다.

"궁복아, 이상한 일도 다 있어."

저녁을 먹기가 바쁘게 정연이가 찾아왔다. 마침 궁복은 저녁을 먹고 마당을 거닐고 있었다.

"샘밭에 낯선 사람이 들어왔다는 거야. 그것도 두 집이나."

"뭐라고? 낯선 사람들이라구?"

궁복은 달빛에 비친 정연의 얼굴을 뚫어져라 바라봤다.

"그러면 당나라 사람들이란 말이냐?"

궁복은 다그쳐 물었다. 낯선 사람이라면 어디 사람일까? 그건 당나라 뱃사람들이라 믿지 않을 수 없었다. 들리는 말로는 당나라의 뱃사람들이 서해나 남해의 바닷가에 나타나 신라 사람들을 붙잡아 간다고 했다. 당나라 뱃사람들에게 끌려 간 신라 사람들은 당나라에서 노비로 팔려가 고생을 한다고 했다.

'당나라 뱃놈들이 여기까지 와.'

궁복은 곧바로 뛰어갈 기세였다.

"아니야, 당나라 뱃사람이 아니고 무주에서 살던 사람이라고 했어."

"왜 여기까지 왔다는 거니?"

무주라면 지금의 전라남도 광주를 말한다. 거기에는 서라벌 사람이 도독으로 파견되어 전라남도 일대를 다스리고 있었다. 여기 조음섬도 무주 도독의 소속이다.

"흉년이 들어서 먹을 것이 없대. 그래서 이 바닷가 섬으로 살려고 왔대."

"여긴 뭐 양식이 많이 있니? 여기도 가뭄이 들어 말이 아니잖아."

"궁복아, 그래도 바다에 고기가 있잖니? 바다의 물고기로 배고픔은 면할 수 있지 않겠니?"

정연은 찾아든 낯선 사람들이 불쌍하다고 했다. 샘밭에는 마을 앞 바위 틈에서 솟는 샘이 있었다. 여름이면 얼음같이 차고 겨울이면 김이 무럭무럭 퍼졌다. 그래서 샘밭, 또는 샘터골이라고도 했다. 먼 훗날 궁복이가 청해진 대사가 되어 이곳에서 청해진을 설치하고 군사들이 먹을 물로 이 우물물을 사용했다고 한다.

이때 신라엔 홍수가 들고 또 어떤 때는 가뭄이 들어 굶어죽는 사람이 많았다. 그러니 굶다 못한 백성들은 산으로 들어가 도적이 되기도 했다. 나라의 인심이 뒤숭숭해지고 백성들은 굶주림을 면키 위해 바닷가로 이사하기로 하였다. 그뿐이 아니었다.

어떤 사람들은 서해 바닷가로 나가 당나라로 가는 배에 몰래 타고 당나라로 가서 살기도 하였다.

궁복은 샘밭에 찾아든 낯선 사람들을 찾아가 물어 볼까 하다가 그만 참았다.

'오죽이나 굶주림에 시달렸으면 이곳까지 찾아들었을까. 이곳이라고 그리 잘 사는 것도 아닌데.'
궁복은 말없이 집 옆의 바위에 걸터앉았다.
"정연아."
정연은 궁복의 말에 말없이 쳐다보기만 했다.
"왜 대답이 없니?"
"여기에서 살기 싫다는 말 하려고 그러지?"
"너는 언제 내 마음 속에 들어앉았어. 어떻게 내 마음을 그리도 잘 짚어 보지?"
궁복이가 싱긋이 웃었다. 달빛에 웃는 모습이 확연히 드러났다.
"우리가 어떤 소꿉친구인데. 벌써 십여 년 이상이나 바다 물개로 지냈잖아. 이젠 궁복이가 찡그리고 펴는 얼굴과 얼굴빛만 봐도 궁복의 마음을 알아."
궁복은 여전히 싱긋이 웃으면서 고개를 끄덕였다.
"정연아, 정말 여기를 떠나고 싶다. 서라벌은 글렀고. 그렇지, 넓디넓은 바다 건너 땅이면 좋겠다. 거기에선 우리가 마음대로 꿈을 펼칠 수 있지 않을까?"
"거기가 어딘데?"
"당나라겠지."
정연은 그 말에 아무 대꾸도 하지 않았다. 정연도 당나라에 한번 가보고 싶었다.

1. 넓은 바다로 향하는 소년의 꿈

때를 가리지 않고 섬을 드나드는 높고 낮은 돛단배들. 이 배에서 평생 보지도 못한 값진 물건들을 싣고 오고, 또 떠날 때도 값진 물건을 실어 가곤 했다. 궁복은 철이 들면서 그것이 부러웠다. 아니, 그런 배를 타고 먼 바다를 마음껏 다녀보고 싶었다. 그것이 꿈이었다.

궁복은 바다의 꿈을 더욱 버리지 못했다. 궁복은 한참토록 파도가 출렁이는 바다 쪽을 바라봤다.

"궁복아, 우리 함께 당나라로 가 볼까?"

정연이 느닷없이 물었다.

"뭐라구?"

"당나라로 가 보자고 했다."

"너 지금 꿈꾸고 있니?"

궁복은 버럭 고함을 질렀다. 그게 어디 꿈같이 될 일이냐고 꾸짖는 말이었다.

"그렇다고 여기서 속만 끓이고 있을 테야?"

정연은 그만 휙 돌아서서 저희 집으로 달려갔다.

궁복은 자기도 모르게 화가 났다. 그럴 때마다 바다로 나가 배를 타고 싶었다.

'서라벌에 가서 벼슬아치에게 줄을 한번 대어 볼까? 뱃사공이나 밥짓는 일도 좋으니 아무 배나 태워 달라고.'

이런 생각도 해보았지만 서라벌엔 아는 벼슬아치도 없었다. 애만

탈 뿐이었다.

'신라는 신분의 차가 너무 심하단 말이야. 장사꾼이나 뱃사람, 농사꾼들은 아무리 좋은 머리와 재주가 있어도 큰 벼슬을 할 수 없어. 이런 게 나라의 법이라니 정말 개똥 같은 법이란 말이야. 그렇다고 이런 개똥 같은 법을 뜯어 고칠 수는 없고, 그러니 신라에서 출세는 틀렸고, 그래, 당나라로 가자.'

그러나 당나라로 가는 길은 멀고 멀 뿐이었다.

"궁복아! 너 여태껏 여기 있었니?"

정연이가 숨을 헐떡이며 달려왔다. 궁복은 뒤를 힐끔 돌아보며 아무 말이 없었다.

정연은 궁복의 어깨를 살며시 잡으며 숨을 고르고 있었다.

"궁복아, 당나라로 가는 배가 들어왔단다."

숨을 고르고 난 정연이가 궁복의 귀에다 대고 속삭였다.

"뭐라구? 당나라로 가는 배가 왔다구?"

궁복의 눈이 휘둥그레졌다. 정연의 말뜻을 알아들은 듯 궁복의 눈빛이 반짝였다.

"당나라로 가는 배가 나루에 들어왔단다. 요사이 나루에 들어온 배 가운데 제일 크단다."

"정말이니?"

정연은 고개를 끄덕였다.

"우리 그 배 구경 한번 할까?"

"그럼 지금 구경하러 가자."

정연이 먼저 앞장을 섰다. 뒤를 따라 궁복이 달렸다.

나루에 정박한 당나라로 가는 배는 어마어마하게 컸다. 그것도 한 척이 아니라 세 척이었다.

궁복과 정연은 입이 딱 벌어졌다. 태어나서 이렇게 큰 배는 처음 보았다.

마침 뱃사공 한 사람이 배에서 내려왔다.

"너희들 배 구경 왔니?"

궁복과 정연은 또 한번 놀라 눈이 둥그래졌다. 당나라 사람인 줄 알았는데 신라말을 했다.

"아저씨는 신라 사람이세요?"

"그렇단다. 오랜만에 내 나라 땅을 밟아 보니 속이 다 시원하구나."

"아저씬 어디서 오시는 길이에요?"

"일본에 갔다가 당나라로 들어가는 길이란다."

"이 배는 여기서 언제 떠나는가요?"

궁복이가 물었다.

"내일 모레 떠난단다."

뱃사공은 궁복과 정연을 바라봤다. 궁복과 정연의 눈빛이 반짝 빛났다.

"왜, 배를 타고 싶니?"

궁복은 뱃사공의 말에 얼른 대답을 못 했다. 정연도 입이 얼어붙은 듯 말을 못 했다.

'우리도 배를 타고 싶어요. 아저씨, 저희들을 배에 태워 주세요.'

이런 말이 곧 입에서 튀어나올 듯했다. 그러나 섣불리 말하지 못했다. 그건 아무렇게나 속마음을 비치지 않기 위해서였다.

궁복과 정연은 집으로 들어오면서 많은 이야기를 나누었다.

"정연아, 너의 생각은 어떠니?"

"뭘 말이야."

정연은 궁복의 마음을 떠보고 싶었다. 모른 체했다.

"저 당나라 배를 타고 갈 생각은 없느냐는 말이야."

"너는?"

"난 뱃사공을 따라 당나라 배를 타고 싶어."

정연은 나도 하고 말할 뻔했다. 그러나 대답하기가 망설여졌다. 집을 떠난다는 건 그리 쉬운 일이 아니었다. 이제 어린 아이도 아니고 청년이 아닌가.

"왜 대답이 없니?"

정연은 궁복의 얼굴만 바라봤다.

"나와 함께 가기 싫단 말이지? 알았다, 나 혼자라도 배를 타고 갈 거야."

궁복은 그만 화가 났다. 말소리가 거칠어졌다. 정연을 뒤로 하고 궁복은 집을 향해 마구 뛰어갔다.

그 날 밤 궁복과 정연은 잠을 이룰 수 없었다. 이리 뒹굴고 저리 뒹굴고 하다가 밤을 샜다.

아침 일찍 정연이 찾아왔다.

"궁복아, 나도 너와 함께 배를 탈 거야. 우리의 꿈을 펼치자면 아무래도 이곳 신라 땅은 좁아."

궁복은 정연의 말에 손을 꽉 잡았다.

"그래, 잘 생각했다. 우리 두 사람의 재주면 당나라 사람들도 결코 우리를 얕잡아 보지 않을 거야. 꼭 성공할 거야."

궁복은 정연이가 함께 가겠다는 말에 힘을 얻었다.

궁복은 정연보다 두 살 위였다. 그래서 정연의 형 노릇을 했다.

"궁복아! 어떻게 하지?"

"무얼?"

"우리가 당나라 배를 타고 간다면 부모님이 가만히 있지 않을 텐데. 부모님이 알면 우리의 계획은 물거품이 될 거야. 난 그게 걱정이야."

"할 수 없지. 부모님 몰래 가는 거야. 우리가 사라지면 잠시 슬퍼하시겠지만 우리는 이 기회뿐이야. 우리는 이 기회를 놓치면 영영 바다로 나갈 수 없어."

정연은 말없이 고개만 끄덕였다. 결심이 선 듯했다.

당나라 배가 떠나는 날이 왔다. 궁복과 정연은 새벽 일찍 당나라 배가 정박한 곳으로 갔다.

마침 신라 사람 뱃사공이 있었다.
"그래, 배를 타겠다고."
뱃사공은 궁복과 정연의 마음을 먼저 알았다.
"아저씨, 배를 타러 왔어요. 이 배를 타도 되지요?"
"그냥 태워 줄 수는 없어."
"노도 저을 수 있고, 돛대도 잘 다룰 수 있어요."
"그러면 도사공(우두머리)에게 허락을 받아 보지."
"아저씨, 고맙습니다."

궁복과 정연은 넙죽 엎드려 큰절을 했다. 뱃사공도 그러는 궁복과 정연을 보고 씽긋 웃어 주었다.

바다는 끝없이 이어지고 있었다. 바다와 하늘은 한끝에 모여 있었다. 가도가도 끝이 없는 물굽이였다.

바다 물결을 가르며 위태롭게 까만 점 두셋이 떠 가고 있었다. 넓디넓은 바다에서 배는 그저 까만 한 점일 수밖에 없었다.

2. 당나라로 간 섬 소년

　신라의 완도를 떠나 당나라 등주로 가는 당나라 장삿배였다. 궁복과 정연이 이 배에 타고 있었다.
　배는 완도에서 신라의 서해안을 따라 덕물도(지금의 덕적도)까지 간 후, 당나라 산동반도의 등주까지 신라의 황해를 가로질러 갈 참이었다.
　이 뱃길이 신라와 당나라를 잇는 가장 가까운 뱃길이요, 가장 빠른 뱃길이다.
　신라의 배들은 당나라로 갈 때 이 뱃길을 이용하고 있었다.
　황해에서 12월에서 2월까지의 겨울철 바람은 북서 및 북풍이다. 11노트 이상 속력의 바람이 전체의 50퍼센트가 된다. 11노트의 속력이면 1시간에 50리는 충분히 달릴 수 있는 빠르기다.
　그러나 3월에서 5월까지의 봄철은 점차 남풍으로 바뀐다. 풍속도 11노트 이상이 20에서 35퍼센트나 줄어든다. 6월에서 8월의 여름철은 봄철과 비슷하여 더욱 바람이 줄어든다.
　또 9월에서 11월의 가을철은 남풍이 다시 북서풍으로 바뀐다.

11노트 이상의 바람이 겨울철로 다가가는 철답게 30에서 45퍼센트로 불어난다.

배를 탈 때에는 바다에서 가까운 연안에서는 조류, 먼 바다(원양)에서는 계절에 따르는 바람을 중히 여길 수밖에 없다. 바다에서의 바람은 예측할 수 없다. 가장 무서운 바람은 태풍이다. 바다에서의 사고도 이 태풍으로 인하여 많이 일어나고 있다.

뱃사공들은 이 태풍을 경험으로 예측하고 있다. 그래서 태풍이 부는 7월에서 9월에는 육지에서 가까운 연안을 따라 항해하는 것이 보통이다. 그 뱃길은 신라의 서해안을 북쪽으로 거슬러 올라가 압록강 하구에서 발해만 연안을 따라 등주로 가는 길이다.

궁복이 탄 배는 당은포(당진), 덕물도에서 짐을 싣고 황해를 가로질러 뱃머리를 돌렸다.

언제 무서운 풍랑이 일지 모른다.

이 때 당나라와 신라를 왕래하는 뱃길은 세 곳이었다.

그 하나가 '노철산수로'이다. 이 뱃길은 가장 안전하다. 작은 돛단배들은 이 뱃길을 잘 이용한다.

신라 서해안의 당은포(당진), 덕물도, 장산곶, 예성강 하구, 대동강 하구, 살수(청천강) 하구, 의주 앞바다의 용바위 머리(압록강 하구)를 돌아 산동 반도의 등주로 향하는 뱃길이다. 태풍이나 큰 풍랑을 만나면 뭍으로 피할 수 있기 때문에 가장 안전한 뱃길이다.

이 뱃길은 고조선과 고구려 사람들이 이용하던 뱃길이기도 하다.

이 뱃길은 서해안의 어느 나루에서나 출발하여 해안선을 따라 등주까지 갈 수 있다.

또 해안선을 따라 항해하면서 신라 서해안의 아름다운 경치를 즐기는 것도 하나의 재미로 여긴다. 한때는 백제가 이 뱃길을 장악하여 중국 요서 지방과 양자강 하구까지 세력을 펼치기도 했다.

신라는 삼국을 통일하고 이 뱃길을 이용하였지만 대동강 이북의 발해 때문에 이 뱃길을 자주 이용하지 못했다.

또 하나의 뱃길은 황해 횡단 뱃길이다. '황해 횡단 항로'라고도 한다. 신라의 덕물도에서 당나라의 산동 반도에서 각각 튀어나온 지점을 잇는 가장 가깝고, 가장 빠른 뱃길이다. 이 때문에 신라의 배들은 황해도 장연의 장산곶, 옹진, 백령도, 덕물도에서 산동 반도의 등주를 향하여 출발하곤 했다.

이 뱃길의 거리는 2백 킬로미터가 못 되는 짧은 거리이다.

궁복이 탄 배는 이 뱃길을 따라 황해의 한복판에서 바람을 타고 순조롭게 나아가고 있었다. 잔잔한 바닷길의 항해였다.

바다가 잔잔하고 바람이 순조롭게 불면 덕물도나 백령도에서 이틀이면 당나라의 등주까지 갈 수 있다. 신라나 당나라의 배들을 이 뱃길에서 자주 볼 수 있었다.

또 하나의 뱃길은 신라와 당나라 동남부 지역(지금 상하이 지방)을 직접 연결하는 뱃길이다. 이 뱃길은 페르시아 상인들과 교역하기 위해서 자주 이용했다. 조음섬에서 제주도를 거쳐 명주(양자강 하구 지역), 또는 양주까지의 동남 중국해를 비스듬히 가로지르는 이 뱃길은 일본으로 가는 뱃길과 일치한다.

　완도를 지나면 검은띠(흑조대)의 해류를 만난다. 이 곳에서 일본으로 가는 방향과 명주로 가는 방향이 엇갈린다.

　이 뱃길을 '동중국해 사단 뱃길' 이라고 한다.

　이 때 돛단배(범선)의 항해는 계절풍의 풍향 변화와 밀물, 썰물의 변화, 해류 및 조류의 맥과 흐름 등을 꿰뚫어 볼 수 있어야만 안전 항해를 할 수 있다.

　특히 황해 바다는 신라와 산동 반도 그리고 요동 반도라는 세 곳의 육지에 부딪쳐 되돌아오는 해류의 조화가 변화무쌍하다.

　이처럼 황해 바다가 갖고 있는 계절과 날씨에 따른 변화무쌍한 자연의 조화를 이용할 줄 모르면 뱃길을 떠날 수가 없다.

　이래서 당나라 배는 항해술이 뛰어난 신라 사람들을 뱃사공으로 쓰고 있다.

　지금도 8월에서 10월이면 불청객인 벼멸구 떼가 중국 강남(절강성)으로부터 해풍(바닷바람)을 타고 한반도로 찾아온다. 강남에서 이때 배를 띄우면 배는 힘들이지 않고 바람따라 장산곶이나 백령도에 닿는다.

　오뉴월에 완도 앞바다에서 배를 띄우면 바람을 타고 마구 황해도 쪽으로 흘러가기도 한다. 또 제주도의 앞바다 검은띠(흑조대)에 잘못 들어서면 절강성 쪽으로 마구 흘러가기도 한다.

북서풍이 부는 계절에 양자강을 향하면 그야말로 말 그대로 순풍에 돛을 단 격이 된다.

덕물도를 떠나 황해를 반 이상이나 올 때까지는 날씨가 좋았다. 바람이 아주 잔잔했다.

바다와 하늘이 변덕을 부리지 않는다면 얼마 안 있어 닿을 수 있을 것 같았다.

배는 두 척이었다. 뱃사공이 열다섯 명, 물건을 싣고 가는 장사꾼이 열, 당나라로 공부하러 가는 신라 귀족의 자제들이 셋, 불법을 구하러 가는 신라 스님 둘이 타고 있었다. 거기에다 궁복과 정연이 타고 있으니 우두머리 도사공과 합쳐 서른세 명이었다.

궁복과 정연은 뱃머리에 나와 있었다.

"뱃멀미를 하는 거니?"

그 때 신라 사람 뱃사공이 갑판으로 나왔다.

"바람 좀 쐬려고요."

궁복은 머리를 긁적이며 멋쩍게 웃었다. 뱃사공은 손으로 이마를 가리고 먼 바다를 바라보았다.

"애들아, 정신을 바짝 차려야겠다. 오늘 밤 해시(오후 9시에서 11시 사이)쯤 되면 배가 좀 흔들릴 것이다. 단단히 마음의 준비를 해."

뱃사공은 돛이며 닻줄을 손질하기 시작했다. 궁복과 정연은 뱃사공을 거들어 주었다.

"애들아, 너희들은 돛의 종류를 아니?"

궁복과 정연은 고개를 흔들었다.

"지금 이 배에 펼쳐진 돛은 순풍돛이야. 순풍이 불 땐 이 돛을 펼치지. 이 돛은 횡풍돛이야. 바람이 가로로 불 때 펼치지. 이 돛은 언제 펴는지 아니? 바람이 거꾸로 불 때 펼치는 돛이야. 역풍돛이라고도 하지."

궁복과 정연은 뱃사공이 설명하는 돛을 자세히 살펴봤다. 섬 가까운 주변만 거룻배를 타고 다닌 궁복과 정연은 그 돛이 신기하기만 했다.

'이런 정도의 기술이 있으니 넓은 바다를 다닐 수 있지. 나도 항해술을 배워 바다를 한번 누벼 봐야지.'

궁복은 우람한 돛을 바라보면서 꿈에 부풀었다.

뱃사공은 부지런히 돌아다니며 여러 곳을 살폈다.

궁복과 정연은 숨을 죽이고 뱃사공을 바라보기만 했다. 바닷속 자맥질엔 나름대로 자신이 있었지만 넓디넓은 바다에선 이번의 일이 처음이었다.

'풍랑이 일지도 모른다.'

뱃사공의 말은 바로 이것이리라. 바다에서 젊음을 묻은 뱃사공도 바다의 생리를 속속들이 알 수는 없었다.

그러나 경험으로 풍랑이 이는 것쯤은 바다 주변의 날씨나 하늘을 살피면 알 수 있다.

바다의 모습은 아침 저녁으로 다르다. 어떤 때는 시시각각으로 변한다. 바다가 변하면 무섭기 그지없다.

뱃사공의 심상치 않은 표정에 궁복과 정연은 바다로 눈을 돌렸다. 바다의 빛깔이 먹물을 풀어놓은 것 같았다. 바다 끄트머리에 검은 구름장이 떠 있었다. 뱃길이 순탄치 않음을 느꼈다.

몇 마리의 물새가 돛대 위를 스쳐 날아갔다.

"궁복아, 가까운 곳에 섬이 있는 것 같아."

정연이 물새가 날아가는 방향을 보고 말했다.

"그걸 어떻게 아니?"

"물새가 길 안내를 하잖아."

궁복은 정연의 말에 불안한 마음을 놓으며 웃었다.

그러나 퍼져 오는 구름장은 마침내 해를 삼키고 말았다. 사방이 컴컴해지기 시작했다.

궁복은 이것저것 살펴보는 뱃사공의 얼굴빛을 살펴봤다. 이럴 때일수록 뱃사공의 눈빛, 말 한 마디에 날씨를 읽을 수 있다.

뱃사공은 깊은 생각에 잠겼다. 배는 벌써 조금씩 흔들리기 시작했다. 물결이 거세지기 때문이다. 바람이 이는 것은 별로 느껴지지 않았지만 출렁이는 물결은 한결 드높아졌다.

쏴 하고 바람이 볼을 스쳤다. 험한 고비가 눈앞에 다가옴을 느낄 수 있었다.

바다와 구름이 한 덩어리로 엉켜 돌기 시작했다. 바다가 먹구름

을 불러 온 모양이다. 아니 시커먼 저 구름이 바다를 집어삼키려는 것인지도 모른다.

배는 바다 위를 떠가는 것이 아니라 구름 속을 헤쳐 가는 듯했다. 온통 먹구름뿐이었다.

배는 거센 파도를 따라 흐를 뿐이었다. 마음대로 방향을 잡을 수가 없었다. 밤새도록 그렇게 배는 흔들렸고 어디론지 흘러갔다.

바닷길에서 풍파에 시달림을 받는 일은 흔히 있는 일이다.

배에 탄 사람들은 뱃전을 간신히 붙들고 몸을 지탱할 뿐이었다. 파도가 배를 집어삼킬 듯이 뱃전을 때렸다. 눈을 뜰 수가 없었다. 뱃전을 튀어 오른 바닷물이 배에 흥건히 고였다.

뱃사공들이 물을 퍼내기 시작했다. 궁복과 정연도 힘을 내어 물을 퍼냈다. 바닷가에서 자란 탓인지 궁복과 정연은 배 멀미를 하지 않았다.

배는 풍랑에 크게 흔들렸다. 몇 시간이나 물을 퍼냈는지 모른다. 마침내 배 밑이 드러나 보이기 시작했다.

"됐다, 이만하면 배는 가라앉지 않겠다."

도사공이 말했다. 궁복과 정연 그리고 배 안의 사람들은 마음이 다소 놓였다. 사람들은 억지로 기운을 차리려 했다.

날이 밝았다. 정신을 잃다시피한 사람들이 하나둘씩 정신을 차리기 시작했다.

바다는 구름을 벗어 던졌는지 맑았다. 배는 쏜살같이 달리고 있

었다. 순풍이 불었다. 순풍돛을 다시 펼친 배는 곧잘 달렸다.

  등주로 향하던 배들이 풍랑을 만나 명주 근처에까지 흘러가는 일은 많았다. 등주에선 명주가 뭍으로나 물길로는 수천 리 길이었다. 그러나 명주에 이르기만 하면 뱃사람들은 안심했다. 궁복이나 정연은 순항하던 배가 표류하여 뜻밖의 곳에 닿기도 한다는 이야기를 자주 들었다.

  "모두들 안심하십시오. 이제 날씨도 좋아지고 풍랑도 가라앉았습니다."

  우두머리 뱃사공인 도사공이 배 안으로 들어와 말했다. 그러나 배 안의 사람들은 기운이 없어 말을 못 했다.

  "너희들은 바닷가에 살았기 때문에 다른 사람들과 조금 다르구나."

  도사공은 궁복과 정연을 바라보며 말했다. 궁복과 정연은 갑판으로 나왔다. 구름 사이로 한 줄기 뻗어 나온 햇살이 눈부셨다. 바닷물은 금빛 햇살에 비쳐 금가루를 뿌린 듯 찬란했다.

  "궁복아, 하마터면 물귀신이 될 뻔했다."

  "나야 물귀신이 되었겠지만 너야 살아날 수 있었겠지. 너는 물 속의 물개가 아니냐. 나는 어림도 없어."

  궁복은 정연의 손을 잡고 간밤의 일들이 꿈만 같고 살아난 것이 기뻐서 웃기만 했다.

  "궁복아, 저길 봐!"

정연이 손가락질을 했다. 정연이가 손으로 가리킨 곳엔 물고기 떼가 배를 따라오고 있었다.

궁복도 그리로 눈길을 돌리며 신기하게 여겼다. 마치 큰 고기떼들이 엉켜 있는 듯했다. 고기 떼들이 물 속에서 불쑥불쑥 바다 위로 머리를 내밀곤 하였다.

"고래들이로군."

궁복이 중얼거렸다.

"고래가 우리를 반기는 모양이야. 물귀신이 안 된 우리를 환영하는가 보지?"

정연이가 고래 떼를 바라보며 한술 더 떴다.

"고래가 아니고 물개 떼야. 물개 떼를 보니 뭍이 가까운 것 같아. 아마 산동 반도의 등주는 지난 모양이야. 등주를 지나면 당나라 동해 연안엔 이런 물개가 떼를 지어 산단 말이야. 조금만 있으면 뭍이 보일 거야."

도사공은 궁복과 정연의 마음을 달랬다. 멀리서 보니까 물개 떼가 꼭 고래 떼처럼 보였다.

'당나라는 정말 넓은가 보다. 며칠을 가도 이렇게 끝이 없으니.'

궁복은 바다를 보며 중얼거렸다. 신라 같으면 하루 뱃길밖에 안 되었다.

그러나 아직도 눈에 드는 것은 바다와 하늘뿐이었다.

'꿈에 그리던 당나라는 어떻게 생겼을까? 그 곳의 산천 풍경이

'궁금하다.'

궁복은 눈을 꿈벅거리며 먼 바다 쪽으로 눈길을 돌렸다.

"뭍이다!"

뱃사공 하나가 소리쳤다. 배는 파도에 떠밀려 어느 뭍 가까운 곳에 이르렀다. 배가 나아가는 저 멀리 산이 까마득히 보였다.

"배를 조심해서 대도록 해라."

도사공이 소리쳤다. 배는 출렁이는 파도를 따라 기슭으로 들어갔다. 배에 탄 사람들도 기뻐 덩실덩실 춤을 추었다.

뱃사공 하나가 옷을 벗고 물 속으로 뛰어들었다. 배를 끌고 갔다. 물이 그리 깊지 않았다.

모래톱 사이로 물줄기가 흘러내려 바다로 들어갔다.

배는 모래톱에 얹힌 듯 멈춰 섰다. 갈증과 허기에 지친 사람들은 배에서 내리자마자 정신없이 바다로 흘러들어오는 냇물을 마시기에 바빴다. 먼 데서 개 짖는 소리가 들렸다.

"정연아, 무사히 닿았다."

궁복이도 정연을 얼싸안고 덩실덩실 춤을 추었다.

그렇게도 성이 나 으르렁거렸던 물결이 이렇게 온순한 양처럼 변하다니, 그저 꿈만 같았다.

궁복은 배에서 뭍을 바라봤다. 해안의 절벽도 신라의 해안 풍경과 많이 달랐다. 그러나 가슴이 벅차 올랐다. 그토록 그리던 꿈의 나라가 아닌가! 갈매기 떼가 뱃머리를 어지러이 날았다.

'어떻게 한담.'

그러나 궁복은 말도 통하지 않는 당나라에 발길을 들여놓게 되었으니 무엇부터 어떻게 해야 할지 불안해지기 시작했다.

'걱정부터 하다니 부딪쳐 보면 솟아날 구멍이 생기겠지.'

궁복은 불안한 마음을 억지로 눌렀다.

"궁복아, 너 무엇을 그리도 골똘히 생각하고 있니?"

정연이 옆에서 궁복을 바라보며 물었다.

"아무것도 아니야."

궁복은 고개를 흔들었다.

"벌써 고향 생각이 나는 거니?"

"내가 어디 어린 애니?"

궁복의 얼굴에 드리운 근심을 정연이 읽었다.

"궁복아, 난 신라로 되돌아가고 싶다."

"너 지금 뭐라고 했니?"

정연은 궁복이 다그쳐 묻는 말에 입을 다물었다.

"그렇게 마음이 모질지 못해 무얼 하겠니? 가고 싶다고 당장에 돌아갈 수 있을 것 같니? 바닷길이 어디 편편한 육지 같니? 이젠 그런 생각해도 별 수 없어. 죽으나 사나 어떻게든 여기서 길을 열어 봐야지."

궁복은 웃으면서 정연의 어깨를 툭 쳤다. 정연도 그제야 씽긋 웃었다.

배가 들어왔다고 어른과 아이들이 우르르 나루로 몰려왔다. 배는 신기한 물건을 내리기 시작했다. 사람들은 내려놓은 물건을 분주히 옮겼다.

나루는 시장처럼 왁자지껄했다. 그러나 무슨 말을 하는지 알아들을 수 없었다.

궁복과 정연은 그게 답답했다.

"큰 일을 하자면 여기 당나라 말을 빨리 익혀야겠군."

궁복은 이렇게 중얼거렸다.

"여기가 어디지요?"

궁복은 뱃사공에게 물었다.

"글쎄, 등주는 아니고 어딜까? 장강 어귀에 들어서면 기둥같이 외롭게 선 바위섬이 앞에 있는데 거기도 아니고 당나라의 뱃길은 손금보듯 한 난데……."

뱃사공은 고개를 갸웃거렸다. 그 곳이 어딘지 종잡을 수 없다는 표정이었다.

"당나라는 틀림없지요?"

"그야 틀림없지. 배가 뒤로 갔다면 신라겠지만 배는 어김없이 앞으로 떠내려왔거든."

뱃사공은 가볍게 대답했다. 그리고 씽긋 웃었다.

"여기서 남쪽으로 내려가면 크고 작은 섬이 나타날 거야. 우리는 그곳 끝에 가 닿으면 된단다. 그런데 큰 일이 생겼단 말이야."

2. 당나라로 간 섬 소년

"무슨 큰 일이 생겼나요?"

"등주에 닿아 내릴 물건도 있고 실을 물건도 있는데, 등주를 지나 왔으니 이거 큰 일이 아니고 무엇이냐?"

"그러면 배를 되돌려 등주로 가시면 되잖아요?"

"그래야 할 것 같다. 항주까지는 여러 날 늦어지겠지."

"항주에는 무엇이 많나요? 우리가 구경 못 한 물건도 있어요?"

"항주에만 가면 서역에서 나는 아주 진기한 보석들이 많이 있지. 우린 그 곳에 가서 그런 물건을 사 가지고 신라로 돌아가면 큰 부자가 되는 거야. 그걸 믿고 목숨을 바다에 걸면서 이렇게 배를 타는 게 아니니."

뱃사공은 닻을 내렸다.

"우리는 이곳에서 하룻밤을 지내고 간다. 너희들은 이곳에 내려야 한다. 머물 곳을 한번 찾아봐."

궁복과 정연은 배에서 내렸다. 모든 것이 낯설고 두려웠다. 나루엔 배 한 척이 정박하고 있었다.

그 때 뱃사공 몇 사람이 저쪽 마을에서 걸어오고 있었다.

"어디서 오는 길이오?"

궁복과 정연은 너무도 놀랐다. 뱃사공은 신라 말을 쓰고 있었다.

"우리들은 신라에서 오는 길입니다. 배가 풍랑을 만나 여기에 닿았습니다."

"고생이 많았겠소. 그래 어디로 가는 길이오?"

장보고

"딱 어디로 가겠다는 목적 없이 그저 당나라에 오겠다는 마음만으로 이렇게 닿았습니다."
"아주 무모한 짓을 하였군요. 이 넓은 당나라 땅에 무엇으로 발을 붙이려구 그랬소?"
뱃사공은 안쓰럽다는 듯 혀를 끌끌 찼다.
"어디로 가시는 길이십니까?"
궁복은 물었다. 같이 데려가 줄 수 있겠느냐는 뜻도 포함되어 있었다.
"우리들도 신라인이오. 등주에서 오는 길이오. 배 안에는 숯이 실려 있지요. 밀주를 거쳐 초주로 간다오."
궁복은 그들 뱃사공을 바라봤다. 신라 사람을 낯선 땅 당나라에서 만났으니 반갑기 그지 없었다.
'같이 갈 수 없겠습니까?'
궁복의 입에서 곧 이런 말이 튀어 나올 것만 같았다.
"같이 갔으면 좋겠지만 우린 거기서 눌러앉는 게 아니고 숯을 내리면 다시 돌아와야 하기 때문에……."
뱃사공은 궁복과 정연이 불쌍해 보였던 모양이다.
"걱정 말고 저기 마을로 들어가 보십시오. 그 마을에 가면 신라 사람들이 몇 명 살고 있어요. 거기에 가서 부탁하면 살 길이 나올 거요."
뱃사공은 이 말을 남기고 배를 향하여 걸어갔다.

"고맙습니다."

　궁복과 정연은 허리를 굽혀 고맙다는 인사를 했다. 궁복은 마을을 넌지시 바라봤다.

　밥짓는 연기가 굴뚝에서 모락모락 나고 있었다. 굴뚝 연기도 신라의 굴뚝 연기나 다름없어 보였다.

3. 외롭지 않은 신라방 사람들

 궁복과 정연은 배가 고팠다. 두 사람은 약간 경계하는 빛을 띠며 주막으로 들어갔다.
 할머니 한 분이 궁복과 정연을 자꾸 쳐다봤다. 그 눈빛이 아주 부드러웠다. 인정이 많아 보였다.
 '저 할머니가 왜 자꾸 우리를 쳐다볼까?'
 궁복은 이상하게 생각했다.
 '할머니, 왜 자꾸 우리를 쳐다보지요?'
 이렇게 묻고 싶었다. 그런데 여기는 당나라 땅이 아닌가? 말이 통하지 않으니 무어라고 해야 저 할머니의 뜻을 알 수 있을까?
 궁복은 국밥 한 그릇을 비우고 입술을 옷소매로 쓱 닦고 할머니를 다시 쳐다봤다.
 할머니가 그제야 궁복과 정연이 가까이로 왔다.
 "보아하니 당나라 사람은 아닌 것 같고, 어디서 왔소?"
 궁복과 정연은 그만 놀라고 말았다.
 '신라 말을 쓰는 할머니가 어떻게 여기에 왔을까?'

그것이 궁금했다.

"나는 당나라 해적선에 끌려와 이렇게 십 년째 여기서 심부름하며 산답니다."

"할머니, 저희들도 신라에서 왔어요. 반갑네요."

궁복과 정연은 기뻤다.

"나처럼 잡혀 온 게 아니구요?"

"잡혀 오다니요. 우리는 이 당나라 땅에 꿈을 펼쳐 보기 위해서 온 거예요."

"스스로 왔단 말인가요?"

"그럼요."

"젊은이의 꿈이 뭔지 모르지만 무모한 짓 같소. 계획성 없이 여기에 오면 고생만 한다오. 여기에 잡혀 온 신라 사람들이 얼마나 고생한다구요. 자칫 잘못하여 당나라 해적들에게 걸려들면 신세를 망친다오."

할머니는 정말 걱정이 되는지 얼굴을 찌푸렸다.

"신라 사람들이 산다는 곳에도 죄다 할머니처럼 해적들에게 끌려 온 사람들이에요?"

"아니지요. 그곳 사람들은 젊은이들처럼 살 길을 찾아 스스로 온 사람들이지요. 끼리끼리 모여 마을을 이루고 살지요. 농사 짓는 사람, 숯 굽는 사람, 배로 장사하는 사람. 이렇게 여러 가지 일을 하면서 살아가지요. 그곳을 신라방이라 한다오."

"할머니, 그러면 거기 신라방에 가서 살면 되잖아요?"
궁복은 할머니가 가여웠다.
"그렇게 됐으면 얼마나 좋겠어요. 당나라 법엔 해적에게 끌려 온 신라 사람들은 신라방에서 살 수 없게 되어 있어요. 그러니 할 수 없이 이렇게 살고 있지요."
"할머니, 신라로 가고 싶지 않으세요?"
"왜 아니겠소. 그러나 그 먼 바닷길을 무슨 재주로 간답니까. 이렇게 한숨만 쉬며 산다오."
할머니는 긴 한숨을 쉬고 있었다.
"할머니, 제가 신라로 모시고 가지요."
"젊은이가?"
할머니는 궁복의 말을 믿지 않는 듯 웃기만 했다.
"신라 사람들이 해적들에 의해 붙잡혀 온다는 소리는 들어서 알고 있어요. 저는 기필코 여기 신라 사람들의 고생을 덜어줄 겁니다. 그래서 이 곳 당나라 사정을 하루 빨리 알아야겠어요. 두고 보십시오. 꼭 그렇게 할 거예요."
"젊은이의 생각이 참으로 기특하오. 여기서는 힘든 일을 하면서 살아야 한다오."
"이미 각오하고 있습니다."
궁복과 정연은 주먹에 힘을 불끈 쥐며 주막을 나왔다. 주막의 할머니가 일러준 대로 신라방을 찾아가 보기로 했다.

3. 외롭지 않은 신라방 사람들

물어 물어 찾아간 곳은 신라방이 있는 서주 고을의 연수향이었다. 걸어서 거의 한 달이나 걸렸다.

신라방은 신라의 배가 당나라에 오면 무역에 관한 업무를 보며, 본국과의 연락도 담당하고 있었다. 신라 사람에게 잠자리와 먹을 것을 제공해 주기도 했다.

"신라에서 온 궁복이라 하옵고, 옆에 있는 사람은 저의 친구 정연이라 하옵니다."

궁복은 연수향의 신라방에 들어 압아(책임자)에게 인사를 했다.

"용감한 젊은이들이군. 먼 뱃길을 무사히 건너왔다니 칭찬할 일이오. 이곳은 마음놓고 머무를 수 있는 곳이지. 당나라 사람들이나 관청에서도 특별한 일이 아니면 우리 신라방의 일을 간섭하지 않는다네. 우리 신라방은 여기에 하나만 있는 게 아니지."

"그러면 또 있단 말입니까?"

궁복은 또 한 번 놀랐다. 당나라에 신라 사람들이 이렇게 많이 살 줄 몰랐다.

"그러면 신라방이 어디에 또 있습니까?"

"헤아리자면 많지. 등주의 적산포, 유산포에도 있고, 강소성의 초주, 그 부근의 사주, 연문향의 숙성촌, 양주, 소주, 항주, 명주, 복주 등 참으로 많지. 그렇다고 이곳의 거리가 하룻길이 되는 건 더구나 아니네. 먼 곳은 한 달, 가까워도 이레는 걸릴 거리라네. 당나라는 이렇게 넓지. 젊은이들은 며칠 푹 쉬고 이 곳 지리와 풍습과 사정을 익히게."

궁복과 정연은 며칠 푹 쉬었다.

"정연아, 이제 우리 바깥 구경을 하자꾸나. 우리가 할 일도 찾아야 하고."

궁복이 며칠 만에 입을 열었다.

"나도 몸이 근질근질했어."

정연이 박차고 일어났다. 둘은 며칠 만에 바깥 구경을 했다. 햇빛에 눈이 부셨다.

마을 뒷산의 고개로 두 사람은 숨을 헐떡거리며 오르고 있었다.

고개는 잡목숲으로 우거져 있었다. 음산하고 호젓한 고갯길이었다. 바람 소리, 짐승 소리에 머리끝이 쭈뼛거렸다.

그 때, 가마 하나가 고개를 오르고 있었다. 아마 이 부근의 부잣집 아녀자 행차 같았다. 앞뒤로 키가 훤칠한 젊은이들이 호위하고 있었다.

궁복과 정연은 숲 속에 숨어서 가마 행차를 바라봤다.

가마가 고개 위로 오를 때였다. 갑자기 복면을 한 괴한이 가마 앞으로 달려들었다. 가마가 급히 섰다. 가마 앞뒤를 호위하던 젊은이들은 그 자리에서 벌벌 떨면서 꼼짝도 못 했다.

괴한들은 가마 속에 있는 처녀를 끌어냈다. 얼핏 보아도 처녀는 매우 아름다웠다.

처녀는 외마디 소리를 지르며 발버둥쳤다.

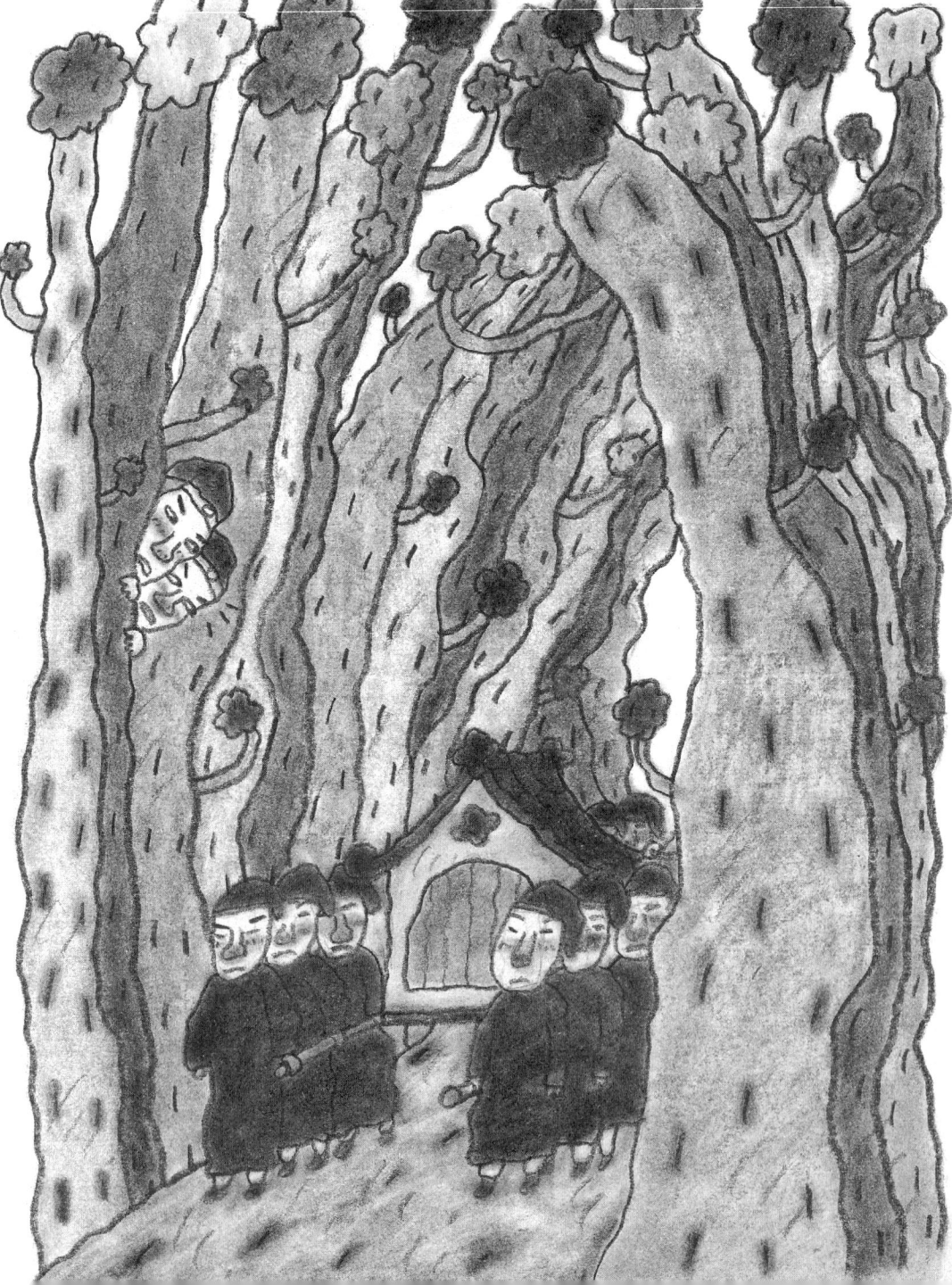

"이놈, 게 섰거라."

의협심이 강한 궁복은 보고만 있을 수가 없었다. 쏜살같이 가마 앞으로 달려나갔다. 궁복의 고함소리는 산을 쩌렁쩌렁 울리게 했다. 궁복의 주먹에 괴한이 하나둘 쓰러지기 시작했다. 정연도 달려들어 괴한을 때려눕혔다.

갑자기 나타난 궁복과 정연에게 괴한들은 질겁을 하고 도망쳤다.

그제야 가마를 호위하던 젊은이들이 손을 비비며 인사를 했다. 고맙다는 인사 같았다. 당나라 말을 하니 뜻이 통하질 않았다.

궁복과 정연은 손짓 발짓을 모두 동원해서 연수향 신라방으로 데리고 갔다.

"아이구, 이런 일이 있나. 아가씨는 이웃 고을 사주 자사의 딸이군요. 이런 귀한 분을 구해 주시다니."

연수향 신라방 사람들의 대부분은 당나라 말에 능통했으며 몇몇은 일본 말에도 익숙하였다. 그 아가씨가 바로 사주 자사의 딸이라니 꿈만 같았다.

사주 자사는 딸의 소식을 듣고 깜짝 놀랐다. 그리고 곧바로 하인들을 보내 고맙다는 인사를 했다. 목숨을 구한 아가씨도 고맙다는 인사를 하고 하인들과 함께 돌아갔다.

"신라에서 새로 온 두 젊은이는 힘이 장사래요. 고갯길에서 해적들을 주먹으로 때려눕히고 사주 자사의 딸의 목숨을 구해 주었다잖아요."

이 소문은 연수향 신라방에서 입으로 입으로 퍼져 나갔다. 이곳 서주 자사의 귀에도 이런 소문이 들어가지 않을 리 없었다.

궁복이와 정연의 이름은 삽시간에 서주 고을로 퍼졌다.

두 사람은 연수향 신라방을 중심으로 여기저기를 다니면서 사정을 살폈다. 새로운 곳의 풍습을 알아보는 것은 흥미로웠지만 들리는 소문은 궁복의 가슴을 아프게 했다.

궁복이와 정연이가 서주 연수향에 온 지 2년이 되는 해였다. 그러니까 서기 814년(헌덕왕 6년)이었다.

'신라엔 홍수가 나서 곡식이 모두 물에 떠내려가거나 물에 잠겨 흉년이 들었다.'

당나라에 들어온 신라배는 이 소식을 전해 왔다. 또 그 다음 해는 신라에서 흉년으로 백성들이 굶주리고 있다는 소리도 들려 왔다. 도적 떼가 득실거려 백성들은 더욱 못산다고 했다.

서기 816년(헌덕왕 8년)엔 흉년이 또 들어 신라 사람 1백 70명이 절강성 부근으로 굶주림을 피해 왔다고 했다.

절강성은 서주에서 남쪽으로, 당나라 연안에 있다. 양자강 남쪽에 있으니 참으로 먼 거리다. 아마 평양이나 해주에서 남쪽 완도까지의 거리만큼이나 된다. 지금이라도 금방 달려가고 싶지만 거리가 너무 멀었다.

궁복과 정연은 사주로 갔다. 거기 신라방에서 머물면서 여기저기 다녀보았다.

사주 자사가 궁복과 정연이 사주에 왔다는 걸 알면 가만 있지 않았을 것이다. 극진히 대접함은 물론 자사의 집에 머물게 하였을 것이다.

궁복은 그저 위기에 처한 사람을 구한 것뿐인데 야단스러운 대접은 싫었다. 그래서 사주에 온 걸 알리지 않았다. 사주 고을도 서주 고을처럼 평온하게 살고 있었다. 여기에서도 궁복이 할 수 있는 일은 보이지 않았다.

궁복은 다시 강소성 태주로 갔다. 거기에도 신라방이 있었다. 태주는 양주 동쪽 60킬로미터 지점에 있다. 태주 앞바다도 구경하고 절도 구경하였다. 이곳 태주 앞바다에도 신라 배들이 드나들었다. 이곳의 신라방 사람들도 친절했다. 정답게 대해 주었다.

궁복은 당나라의 이곳저곳에 흩어져 있는 신라방을 두루두루 살펴본 후, 다시 서주 연수향으로 돌아왔다.

궁복은 당나라가 엄청나게 크다는 걸 신라방을 찾아다니면서 다시금 느꼈다.

태주에서 서주 연수향으로 돌아오는 벌판은 정말 넓고 넓었다. 신라의 무주 벌판은 여기에 비하면 아무것도 아니라고 느꼈다. 며칠을 걸어도 끝없는 들판이요, 어디를 바라봐도 한결 같은 들판이었고 같은 풍경이었다.

참대숲으로 둘러싸인 마을을 수없이 지났다. 마을은 으레 늪이 있고 늪 가운데는 수십 마리, 혹은 수백 마리의 오리 떼가 있는 것도 보았다.

　서주 연수향 신라방 마을에 닿았다. 갈대숲이 우거진 개울 언덕에 마을 사람들이 줄지어 서 있었다. 궁복과 정연은 발걸음을 멈추고 물끄러미 바라보았다. 마을 사람들은 궁복과 정연이란 걸 알고 반가워 손을 흔들었다. 궁복과 정연도 손을 흔들었다.

　신라방 사람들은 낯선 사람이 마을로 들어오면 경계의 눈초리를 멈추지 않는다. 남의 나라 땅에 살자니 저절로 그렇게 될 수밖에 없었다.

　연수향의 신라방 사람들은 궁복의 의협심에 그를 더욱 우러러 보기 시작했다. 또 그 용맹에 더욱 이끌렸다. 어디로 보나 장사다운 몸집은 아니었다. 그러나 얼굴 생김새는 당차고 야무지게 보였다.

　궁복과 정연은 밥만 먹으면 밖으로 나다녔다. 겉보기에는 한가로워 보였으나 마음은 그렇지 못했다.

　이젠 신라방에서도 마음을 놓을 수가 없었다.

　어느 날 연수향에 폭력배들이 몰려왔다.

　궁복과 정연이 앞에 나섰다. 패거리 하나가 팔을 뻗어 궁복을 밀쳤다. 또 한 패거리가 정연을 밀쳤다.

　궁복과 정연은 재빠르게 몸을 돌려 차례차례 발걸이를 하여 넘어뜨렸다. 다섯 놈의 패거리들이 쓰러지고 고꾸라졌다.

　신라방 사람들은 그저 통쾌할 뿐이었다.

　패거리들은 쓰러져 있다가 번개같이 둑 쪽으로 달아났다.

장보고

연수향에 신라방이 선 뒤 이 곳 신라방 사람들은 이토록 통쾌한 일을 맛보기는 처음이었다.

"이젠 우리 신라방 사람들이 무서운 줄 알겠지."

신라방 사람들은 그 날 궁복과 정연을 위해 잔치를 벌였다.

마을 사람들의 감탄은 끊이질 않았다. 이제 신라방 사람들은 마음놓고 살 수 있었다.

궁복과 정연이 있는 한 그 패거리들은 얼굴도 내밀지 못할 것이라고 믿었다. 아니 궁복과 정연이 없어도 패거리들은 벌벌 떨고 오지 못할 거라 여겼다.

4. 당나라에 이름을 떨친 두 청년의 활약

　궁복과 정연이 무예가 뛰어나다는 소문은 온 신라방으로 퍼져 나갔다. 그뿐 아니었다. 당나라의 각 고을에까지 퍼졌다.
　사주 자사에게서 연락이 왔다.
　"신라 장사의 뛰어난 무예 솜씨는 이미 듣고 알고 있도다. 더구나 내 딸을 위기에서 구해 준 은혜도 입고 이렇다 할 갚음도 못했으니 그 은혜도 갚을 겸 뛰어난 무예를 고을 사람들에게 보여주게 두 장사를 초청하니 청을 거절하지 않으면 좋겠도다."
　궁복과 정연은 사주 자사의 편지를 읽고 흐뭇한 웃음을 지었다.
　"궁복아, 자사의 청에 응할 거지?"
　궁복은 빙그레 웃으면서 고개를 끄덕였다. 창던지기, 활쏘고 말달리기와 그 밖의 무예는 어느 누구에게도 뒤지지 않을 자신이 있었다.
　'이 기회를 놓치면 안 된다. 우리의 실력을 온 천하에 알릴 절호의 기회야.'
　궁복은 앞길이 훤히 트일 것 같은 느낌이 들었다.

궁복과 정연은 사주로 갔다.

"신라는 나라가 작아도 예로부터 굉장한 인물들이 난다는 거야."

"내일 신라 장사가 힘과 재주를 보여 준다는데 힘이 황소보다 더 세다는군."

"어디 힘뿐인가 재주도 신기하다는군. 바다 밑을 백 리나 헤엄쳐 간다는 거야."

길거리의 사람들은 서로 이렇게 수군대며 내일을 기다렸다.

힘과 재주를 보여 주는 날이 왔다.

사주 고을 영문 밖 탁 트인 벌판으로 아침부터 사람들이 모여들기 시작했다. 영문 앞 벌판엔 풀만 무성하였다. 이곳이 병정들이 말 달리기와 활쏘기를 연습하는 곳이다.

해가 제법 머리 위로 떠오르자, 벌판은 사람들로 붐볐다. 벌판 한복판엔 높다랗게 쌓은 단이 있었다. 그 위에 쳐 놓은 천막이 바람결에 일렁거렸다. 단 아래는 가지가지 깃발이 꽂혀 있었다. 그 사이사이로 창과 칼을 든 병정들이 빙 둘러 서 있었다.

위엄을 갖춘 자사가 단 위에 올랐다. 북 소리가 둥둥 울렸다.

"신라 장사의 재주 시범이 있겠소."

단 밑에 있던 군사 하나가 길게 소리쳤다. 구경꾼들의 눈이 죄다 벌판 한복판으로 모였다.

궁복과 정연이 북 소리에 맞춰 나타났다.

"장사가 뭐 저래? 키가 장대만한 줄 알았더니."

"몸이 엄청나게 큰 줄 알았더니 저런 몸매에서 무슨 힘이 그렇게 솟아날까?"

"혹시나 알아. 작은 고추가 맵다고 했잖아."

"신라 같은 손바닥만한 나라에 큰 인물이면 얼마나 크겠어."

구경꾼들은 저마다 입방아를 찧었다. 약간 실망하는 눈치였다.

둥둥둥―.

북소리가 울렸다. 궁복과 정연은 말이 서 있는 앞으로 나왔다. 두 사람은 말의 고삐를 잡고 길게 늘어진 타래와 목덜미를 쓸어 주었다. 사람이 목덜미를 한번 쓸어 주니 마음이 놓이는지 말의 표정이 부드러웠다.

궁복과 정연은 천천히 말 잔등에 올라탔다. 고삐를 가볍게 치며 주변을 천천히 한 바퀴 돌았다. 한 바퀴를 돌자 궁복은 등을 구부리며 말고삐를 바싹 낚아챘다. 말은 발굽에 먼지를 일으키며 급히 달리기 시작했다.

정연도 궁복을 따라 말채찍을 갈겼다. 말은 넓은 벌판을 쏜살같이 달려갔다. 두 마리의 말은 넓은 벌판 저쪽으로 먼지를 일으키며 달려갔다가 다시 되돌아오고 있었다. 구경꾼들의 눈은 말 머리를 떠나지 않았다.

말 잔등에 납작 붙어 있던 궁복이가 말 아랫배에 살짝 붙었다. 정연도 궁복을 따라 했다. 구경꾼들은 두 사람이 말 잔등에서 떨어진 줄 알았다. 그런데 궁복과 정연은 말허리를 감고 바람개비 돌듯 수

없이 팽팽 돌았다.

구경꾼들은 그만 감탄해 손뼉을 쳤다. 두 사람의 말타기 재주에 넋을 잃었다.

궁복과 정연은 단 아래에 와 말을 멈추었다.

"거 참으로 놀라운 재주로군. 흉노족만 말을 잘 타는 줄 알았더니 이런 신기한 재주는 처음인걸."

자사는 흰 수염을 쓰다듬으며 칭찬의 말을 아끼지 않았다. 자사가 단 아래로 내려왔다.

"장하도다, 장해. 그토록 놀라운 재주를 가졌으리라고는 생각을 못 했구나."

자사가 궁복과 정연의 어깨를 두드리며 격려했다.

"해동 신라 나라에 비상한 인물이 많다는 말은 많이 들었지만 이런 재주 있는 장사를 만나니 반갑고 기쁘기 그지없구나."

사주 자사는 두 사람의 손을 굳게 잡고 흔들었다.

궁복과 정연도 흐뭇했다.

'신라의 바닷가에서 익혀 온 재주를 당나라에 들어와서까지 펼치게 됐다. 이 어찌 기쁘지 않으리.'

궁복과 정연은 구경꾼들을 향해 손을 흔들었다. 구경꾼들도 일제히 손뼉을 치면서 환호하였다.

"다음은 활쏘기 재주를 보여 주는 차례요."

단 밑의 군사가 소리쳤다. 구경꾼들은 신이 나 손바닥이 아픈 줄

도 잊고 손뼉을 쳤다.

벌판 저쪽에 화살 과녁이 서 있었다. 궁복은 과녁을 바라보며 한참 생각했다.

'산과 들에서 아무렇게나 쏘아 본 활솜씨다. 과녁을 놓고 활쏘기는 처음이다. 그러나 할 수 있겠지.'

궁복은 감았던 눈을 뜨고 과녁을 바라봤다. 과녁이 나뭇가지에 달린 나뭇잎으로 보였다. 그렇다면 문제없을 것같았다. 자신이 생기기 시작했다.

옛날부터 내려오는 말이 있다. 50걸음 밖에서 콩알 만한 것을 쏘아 맞추면 하궁(下弓)이고, 1백 걸음 밖에서 쏘아 맞추면 평궁(平弓), 3백 걸음 밖에서 쏘아 맞추면 중궁(中弓), 5백 걸음 밖에서 쏘아 맞추면 상궁(上弓), 1천 걸음 밖에서 쏘아 맞추면 성궁(聖弓), 1천 걸음 이상에서 쏘아 맞추면 신궁(神弓)이라 했다.

'나는 어디쯤에 해당되는 활솜씨일까?'

궁복은 생각해 보았다.

'성궁, 신궁은 몰라도 상궁은 되겠지. 5백 걸음 밖에서 쏘아 보겠다.'

궁복은 이렇게 결심했다. 5백 보 밖에 과녁을 세워 과녁 한복판에 까만 점을 맞추면 된다.

궁복과 정연은 활을 잡고 사선(활쏘는 지점)에 섰다. 몸매를 가다듬어 과녁을 노려봤다.

먼저 궁복이 활을 높이 들어 쏘았다. 과녁 저편에서 깃발이 흔들렸다.

"명중이오."

화살은 과녁의 까만 점에 꽂혔다. 구경꾼들의 소리가 우레같이 터졌다. 두 번째, 세 번째 화살이 연거푸 과녁의 까만 점에 꽂혔다.

다음은 정연의 차례였다.

정연은 숨을 고르고 첫 화살을 날렸다.

"명중이오."

과녁 저쪽에서 깃발이 휘날렸다. 구경꾼들의 손뼉 소리가 하늘을 뒤흔들었다. 두 번째, 세 번째 화살도 과녁의 까만 점에 꽂혔다. 정연은 궁복을 쳐다보며 씽긋 웃었다.

자사는 단 아래로 내려와 궁복과 정연의 어깨를 두드리며 칭찬을 아끼지 않았다.

"과연 훌륭한 솜씨로다. 그럼 이번엔 1천 걸음 밖에서 쏘아 보도록 하라."

자사는 조금 어려운 주문을 했다. 궁복과 정연은 두 말 않고 허락했다.

1천 걸음 밖에 과녁이 세워졌다. 두 사람은 다같이 화살을 쏘아 과녁의 까만 점을 맞혔다. 두 번째, 세 번째 화살도 명중이었다.

"참 장하도다. 평생에 이런 구경을 할 수 있다니, 그저 감탄할 뿐이로다."

그날 저녁에 자사는 궁복과 정연을 관사로 데리고 가서 성대한 잔치를 벌였다.

구경꾼들의 입에서 입으로 이 소문은 삽시간에 넓게 퍼져 갔다.

"그래, 신라에는 인물이 뛰어나고 재주들이 훌륭한 화랑들이 있다잖아. 저 젊은 신라의 두 장사도 소문대로 그런 훌륭한 인물이 틀림없어."

사주 사람들은 입에 침이 마르도록 궁복과 정연을 칭찬했다. 둘만 모이면 궁복과 정연의 이야기로 꽃을 피웠다.

"오늘 보여 준 여러 가지 재주만 봐도 나라의 보물감이다. 내가 그대들이 뜻있는 일을 할 수 있도록 알아보겠다."

사주 자사의 말은 정말이었다. 궁복과 정연은 황홀했다. 신라방 사람들도 더욱 감격했다.

신라 사람이 당나라에 와서 이렇게 이름을 떨친다는 것은 자랑스러운 일이 아닐 수 없었다.

어디를 가나 신라방에 산다고 하면 당나라 사람들은 한번 더 쳐다보곤 했다.

사주 자사는 두 사람이 딸을 구해 준 은혜를 잊지 않았다. 서주 연수향으로 돌아오는 두 사람에게 푸짐한 상을 내렸다.

궁복과 정연은 어디를 가나 우러름의 대상이었다.

연수향 신라방에서는 두 사람 이야기로 시끌벅적했다. 사주 고을에서 크게 이름을 떨치고 많은 비단을 상으로 받아 말에 잔뜩 싣고 왔으니 기쁘지 않을 수 있겠는가.

멀리서 이 소식을 듣고 궁복과 정연을 찾아오는 당나라 대상(큰 장사치)의 발걸음도 끊이질 않았다.

"돈을 많이 줄 테니, 나를 호위해 주면 좋겠소."

돈많은 장사치의 부탁을 궁복은 점잖게 거절했다.

궁복과 정연, 이 두 사람이 돌아오던 날부터 연수향 사람들은 들떠 있었다. 신라방이 있는 이래로 처음 있는 경사였다. 마을 사람들은 궁복과 정연을 사당의 신주 모시듯했다. 아니 신주보다 더 소중히 떠받들었다. 궁복과 정연은 그럴수록 더욱 겸손했다.

'별것 아닌데 이런 지나친 대접을 받는 건 송구스러울 뿐이야.'

궁복과 정연은 이렇게 생각했다. 그 무렵 서주 아문(관아)에 신라에서 온 사람 몇이 붙들려 있다는 소식이 왔다. 궁복은 그들을 구해야겠다고 생각했다.

'제 나라 신라를 버리고 온 건 그들의 죄가 아니다. 내가 이들을 구하고 돌보지 않으면 누가 하겠는가. 이 소식을 듣고 가만히 있다는 건 죄를 짓는 일이다.'

궁복과 정연은 급히 서주 아문으로 달려갔다. 서주 자사에게 자신들이 찾아온 까닭을 말했다. 서주 자사는 궁복과 정연의 의협심과 용맹을 벌써부터 알고 있었다.

"장사들의 청을 들어주지 않을 수 없구나. 나는 해적질을 하러 온 못된 신라 사람인 줄 알았느니라. 그들을 데려다가 편안하게 살

수 있도록 하라."

서주 자사는 붙들어 놓은 신라인 다섯 사람을 풀어 주었다.

풀려 나온 신라 사람들은 너무도 초라했다. 얼마나 굶었는지 뼈만 앙상하게 남았다. 차마 눈 뜨고 볼 수 없었다.

"신라에선 농사를 지을 수가 없었습니다. 가뭄과 홍수로 흉년이 들고, 거기에다 도적 떼가 들끓으니 어찌 살아갈 수 있겠습니까. 생각다 못해 멀리 당나라로 가서 살고자 했습니다."

궁복은 삶의 터전인 신라를 버리고 이국 땅 당나라로 찾아온 사연을 듣고 함께 눈물을 흘렸다.

"사람은 먹어야 삽니다. 마음놓고 먹을 수 있는 나라가 천국이지요. 두 장사님의 용맹한 이야기는 여기 와서 들었습니다. 참 장하십니다. 저희들을 구해 주셔서 감사합니다."

나이 지긋한 노인이 몇 번이나 감사하다는 말을 되풀이했다. 가엾은 백성들이 오직 먹고 살기 위해서 말과 풍속이 다른 당나라로 온 사연은 눈물겨웠다. 그것도 목숨과 맞바꾸어야 하는 먼 바닷길을 건너서 온 것이다.

"여러분이 목숨을 걸고 남의 나라 당나라에 와서까지 부끄러운 행동을 해서는 아니됩니다. 우리 신라의 명예도 떨어지고 여러분 자신의 장래도 더욱 불리하게 될 것입니다. 우리는 당나라 사람들에게 존경받으면서 우리 자신의 힘으로 살아갈 길을 찾아야만 합니다. 다행히 신라 사람들이 모여 함께 사는 신라방이 당나라

곳곳에 널리 퍼져 있습니다. 이곳 연수향도 신라방 가운데 하나입니다. 우선 그들과 함께 농사를 짓고 살아 보세요."

풀려 나온 신라 사람들은 궁복의 고마운 말에 다시 뜨거운 눈물을 흘렸다.

멸시받던 신라 사람들은 궁복과 정연이 당나라에 오고부터 존경을 받게 되었다.

산동 반도를 중심으로 이사도의 행패가 심했다. 그래서 나라에서는 이사도의 무리를 쳐부수기로 했다. 이사도는 고구려의 유민이었던 이정기의 손자다. 산동 반도에서 반독립적인 세력을 형성하여 각종 무관과 지방 관리를 마음대로 임명하였다.

궁복과 정연은 서주 자사의 아군 병졸로 들어갔다.

서주 아군의 군대를 무령군이라 했다. 궁복과 정연이 소속된 무령군은 이사도 무리의 공격에 선봉 부대가 되었다.

궁복은 애당초 병정이 된다거나 싸움터에 나가 이름을 떨치는 것은 생각지도 않았다. 자나깨나 가슴에 맺혀 있는 소원은 오로지 바다에서 마음껏 배를 타 보는 것이었다. 큰 배를 가지고 넓은 바다를 휘저어 보는 것이 꿈이었다. 그러나 발등에 떨어진 불부터 꺼야 했다. 그 다음에 꿈을 펼쳐 봐도 늦지 않으리라고 생각했다.

무령군 사령관은 왕지흥이었다. 군사 8천 명을 거느리고 이사도를 공격했다.

8년 전인 서기 812년엔 당나라 황제가 양주 절도사로 있던 조공이라는 인물을 신라에 보내어 구원병을 요청한 일이 있었다. 독자적인 세력을 누리고 있던 이사도의 존재는 그만큼 큰 골칫거리였다.

신라에서도 순천군 장군 김웅원을 구원병 장수로 삼아 3만 군사를 보낼 준비에 착수했다가 그만두었다.

당나라 헌종이 중앙 정부의 명령에 고분고분 따르지 않는 지방의 군벌 세력들을 토벌하기 시작하자 이사도는 위기감을 느끼게 되었다. 관군이 회서 절도사 오원제를 토벌하러 나섰을 때, 이사도는 몰래 군사를 풀어 관군의 군사 물자를 보관하는 창고에 불을 질러 민심을 어지럽게 했다. 또 동도의 궁궐을 태워 후방의 교란 작전을 폈다. 장안(당나라 서울)에 자객을 보내어 재상 무원형을 암살하기도 했다.

이사도는 이렇게 횡포를 부려 민심을 잃게 되었다.

55년 간이나 세력을 누리던 이사도 집안도 무령군에게 소탕되고 말았다. 서기 820년, 서주 자사는 이사도 소탕에 공을 세운 궁복과 정연의 계급을 올려주어 무령군 소장으로 삼았다.

"그대들은 신라 땅에서 태어났지만 온 천하를 뒤져도 얻기 어려운 인재들이다. 비록 나라는 다르지만 큰 뜻을 품고 우리 당나라에 들어와 큰 공을 세워 무령군 소장의 계급을 내리노니 사양하지 마라."

서주 자사의 얼굴엔 근엄한 빛이 돌았다.

"어려서부터 바닷가에서 태어나 보고 들은 것이 별로 없는데 무령군 소장이 되게 하시니 너무 황송합니다."

"아니다, 그것도 오히려 마음에 차지 않을 듯하지만 내가 내린 계급을 기꺼이 받아 주면 좋겠다. 내 그대들을 위해 힘껏 뒷바라지 하겠노라."

서주 자사는 정말 젊은 두 장군의 앞날을 열어 주도록 마음먹었다. 이 때 궁복의 나이는 서른 살이었다. 보잘것 없는 섬사람이 당나라에 와서 이렇게 높은 벼슬자리에 오른 건 참으로 장한 일이다. 또한 드문 일이었다.

궁복은 서주 자사의 사랑을 독차지했다. 유별나게 궁복만을 사랑했다. 정연은 속으로 은근히 질투를 느꼈다. 그렇다고 드러내 놓고 자기의 마음을 나타낼 수 없었다.

"소장, 소장은 선대부터 내려오는 성씨가 궁(弓:활 궁)씨던가?"

어느 날 서주 자사가 궁복에게 물었다. 전혀 생각지도 않은 물음이었다. 궁복은 얼른 말을 꺼낼 수가 없었다. 아픈 곳을 찔리는 듯했다.

조상 때부터 이어받은 성이 활 궁자인지 어쩐지 알 수 없었다. 어려서부터 '활보', '궁복' 이라고만 불려졌다. 누구도 궁복의 성이 무어라고 일러 준 적도 없었고 그런 사람도 없었다.

그때만 해도 신라에서는 서라벌의 진골이 아니면 성을 가질 수 없었다. 평민은 성이 없고 그저 이름만 불렀다. 궁복이도 그랬다.

어떤 이들은 궁파라고 부르기도 했다.

"사람의 성이란 것은 어느 조상 때에 정해졌으면 후세의 자손들은 그대로 받아 이어가게 마련이다. 그러나 나라에 큰 공을 세우게 되면 성을 달리할 수도 있지."

궁복은 서주 자사의 말에 아무런 대답을 하지 않았다.

"원래 성씨가 궁씨라면 그것을 버리기는 아까우니 궁이 붙은 글자로 장(張)이란 성이 어떻겠나?"

궁복은 말없이 듣기만 했다.

"아무 말이 없는 걸 보니 마음에 드는 모양인데 이왕이면 이름도 달리 불렀으면 싶은데……."

서주 자사는 잠시 궁복을 바라봤다. 궁복은 눈만 껌벅이며 듣고만 있었다.

"소장의 이름이 복이니까 그와 비슷한 소리를 따서 보고라 하는 것이 좋겠구먼. 보존할 보(保)자에 언덕 고(皐)자. 글자도 좋고 뜻도 매우 좋군."

당나라 사람들의 말소리에는 기역이 붙는 소리가 혀끝에 서툴러 복이라고 똑 떨어지게 소리를 못 낸다. 억지로 소리를 내려고 하여도 '복'이 '보'하고만 소리가 난다.

"왜 언덕 고자를 택했느냐면 소장이 바다에서 큰 일을 하고 싶다기에 일부러 언덕 고자를 넣었지. 바다에 있으면서 언덕을 잊지 말고 언덕을 살피라고……."

"자사님, 성과 이름이 아주 마음에 듭니다."
궁복은 그제야 입을 열었다.
"그럼 오늘부터 장보고 소장이라고 부르겠도다."
서주 자사도 흡족해서 껄껄 웃었다.
무령군 소장 장보고는 매우 바쁜 나날을 보내고 있었다. 그러던 어느 날 신라의 스님 한 분이 신라방에 묵었다.
"등주 앞바다는 물론 멀리 태주, 복주 등에 당나라 해적들의 행패가 아주 심하다고 합니다. 그 해적들이 신라 가까이에 가서 닥치는 대로 신라 사람들을 끌고 와 이곳저곳에 몇 푼의 돈을 받고 팔아넘긴답니다."
장보고는 이런 일이 바다에서 자주 일어난다는 것은 이미 소문을 들어서 알고 있었다.
그런데 스님의 말을 듣고 보니 해적의 무리들이 이만저만 설치고 있는게 아니라는 것을 알 수 있었다.
장보고는 자기도 모르게 두 주먹을 불끈 쥐었다.
당나라 해적들은 가는 곳마다 노략질을 일삼았다. 등주 앞바다에서 설치는 해적의 무리가 가장 세고 잔인하다고 했다.
그들의 비위를 거스르면 아무리 힘센 사람이라도 뱃길에서는 평온할 수 없었다. 바다로 장삿길을 트려면 먼저 이들 해적의 환심을 사야만 했다.
값진 물건을 싣고 신라나 왜국으로 장사를 떠나려면 먼저 이들 해적들에게 달라는 만큼 돈을 주어야만 된다고 했다. 다른 해적들을 만나도 등주 앞바다를 설치는 해적 두목의 표시만 보이면 아무 일도 당하지 않았다.

관가에서도 배를 띄우려면 어쩔 수 없이 이들 해적과 손을 잡아야 했다.

등주를 드나드는 큰 장삿배들은 한번 닻을 내리고 올리는데 이들 해적들에게 적잖은 돈을 주어야 했다.

'어디 두고 보자. 내가 해적들의 행패를 막아 주지. 기회만 오면 모조리 소탕할 거야. 그리고 신라 배가 마음놓고 장사할 수 있도록 할 거야.'

장보고는 불끈 주먹을 쥐면서 별렀다.

서기 822년이었다. 장보고의 머릿속은 해적 소탕 생각으로 꽉 차 있었다. 그런데 신라에서 들려 온 소식은 장보고를 슬프게 했다.

비록 떠나온 고국 신라지만 내란이 일어났다는 말에는 가슴이 아팠다.

웅천주(공주) 도독으로 있던 김헌창이 반란을 일으켰다고 했다. 아버지 김주원이 임금이 되지 못한 불만으로 반기를 들었다는 것이다.

서라벌의 정부군과 한바탕 싸움이 붙었음은 물론이다. 같은 나라 백성, 아니 같은 나라 군사끼리의 싸움이니 신라가 걱정이 아닐 수 없었다.

다행히 김헌창이가 패해 나라는 안정이 되었다. 그러나 그렇다고 민심이 가라앉지는 않았다.

'떠나온 고국 신라가 잘 살면 얼마나 좋을까. 몸은 여기에 있지만 마음은 신라에 가 있는 걸 누가 알랴.'

장보고는 한숨 지으며 신라의 앞날을 걱정했다.

5. 꿈을 펼친 법화원

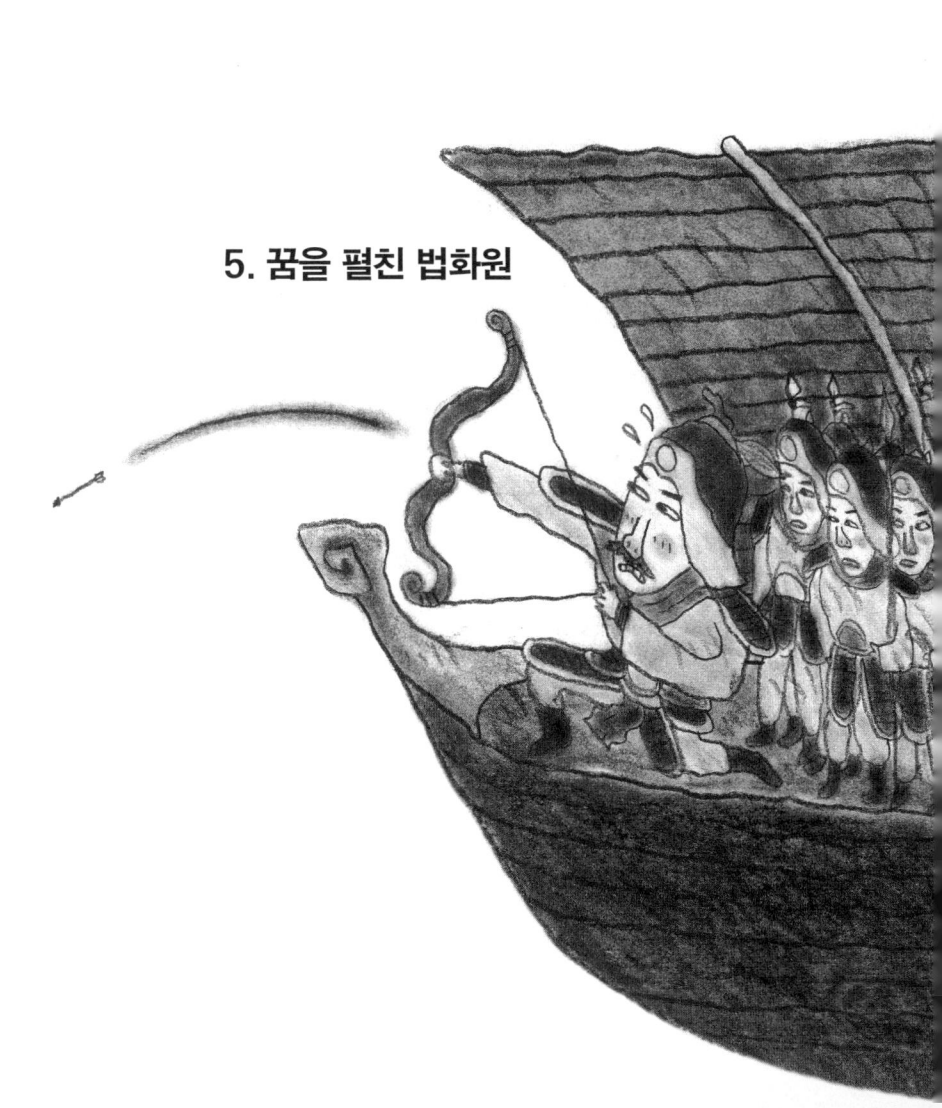

"이사도를 물리치는 데 큰 공을 세운 장보고를 소개하니 그 곳에서 활동케 하면 좋을 것 같소."

서주 자사는 등주 자사에게 장보고를 소개하였다.

등주 자사는 서주 자사의 청을 선뜻 들어주었다. 장보고는 매우 기뻤다.

장보고가 등주 적산포로 가게 되었다.

말을 타고 가지만 서주에서 등주까지의 거리는 멀었다. 며칠을 등주로 향해 말을 달리고 있었다.

잡초 우거진 골짜기에서 아이 둘이 소를 몰고 오고 있었다. 장보고는 그쪽으로 말을 달렸다.

아이들은 장보고를 보자 그 자리에서 멈칫 섰다. 장보고는 당나라 말로 물었다.

"너희들은 어디서 사니?"

아이들은 장보고를 다시 이리저리 살피기만 했다.

"이 근처엔 집이라곤 하나도 없잖아. 어디서 사니?"

"우리들은 이 고장 사람이 아니에요."

"이 고장 사람이 아니라고?"

"예, 우리는 바다 건너 신라에서 잡혀 왔어요."

"뭐라고?"

장보고는 자기도 모르게 신라 말을 썼다. 그리고 말에서 훌쩍 뛰어내렸다.

"그럼, 너희들도 해적 떼에게 잡혀 왔단 말이니?"

아이들은 신라 말을 쓰는 장보고를 보자 마음을 놓았다.

"나도 신라 사람이야."

장보고는 아이들을 덥석 안았다.

"아저씨도 해적 떼에 잡혀 오셨어요?"

아이들은 장보고도 저희들처럼 해적 떼에게 잡혀 온 줄 알았다.

"이분은 무령군에 근무하던 장보고 소장이시다. 지금 등주 적산포 신라방으로 가시는 길이다."

옆에 섰던 정연이 말했다.

"장보고 소장이시라고요?"

아이들은 눈을 크게 뜨고 장보고를 바라봤다. 무척 놀라는 얼굴빛이었다.

"거짓말 같니?"

장보고가 웃음을 머금은 채 물었다.

"아니에요, 무령군 장보고 소장의 이름은 우리도 들어서 알아요.

장군님, 우리를 데려가 주세요."
아이들은 장보고에게 매달려 애원하였다.
아이들은 남루한 옷차림이었다. 잘 먹지 못해 광대뼈가 툭 튀어 나왔다. 아이들을 본 장보고의 마음은 어두웠다.
'이런 억울한 신라 사람들을 구해 주지 못하다니……'
장보고는 한숨을 쉬었다.
'이 아이들의 소원만은 들어주어야지. 이 아이들을 적산포로 데리고 가자.'
장보고는 아이들을 말에 태웠다. 정연도 한 아이를 태웠다. 장보고와 정연은 아이들을 앞에 태우고 다시 길을 가기 시작했다.
적산포 신라방 사람들은 장보고를 열렬히 환영했다.
"장보고 소장으로 하여금 적산포에 오도록 한 것은 신라방만 다스리라는 것이 아니래."
"그럼 뭐야?"
"바다에서 노략질을 일삼는 해적들을 뿌리 뽑기 위해 장보고 장군을 보낸 거래."
적산포의 신라방 사람들은 이렇게 장보고에 대한 기대가 컸다.
장보고가 적산포로 온 지 한 달이 지났다.
값진 물건을 가득 싣고 신라로 배를 떠나 보내게 되었다. 이 큰 배를 항해의 안전한 지대까지 장보고가 호위하기로 했다. 그냥 큰배를 보냈다간 해적의 공격에 당하고 말 것이라 생각했기 때문이다.

적산포 나루엔 배에 탈 사공들이 모여들었다. 장사꾼들도 모여들었다.

"해적들이 가만히 있을까?"

"고양이처럼 냄새를 맡겠지."

"한탕할 기회가 왔다고 덩실덩실 춤을 추고 있을지도 모르지."

"신라의 배가 떠날 날도 알아냈겠지."

"장보고 소장이 이번에 제발 해적 떼를 싹 쓸어 버리면 좋겠어."

"어쩌면 한바탕 싸움이 붙을지도 모르지. 아마 장보고 장군이 이길걸."

적산포에서는 이렇게들 서로 수군거렸다. 그러나 장보고는 못 들은 척했다. 배에 짐 싣는 일만 살폈다.

배가 떠나기 이틀 전에 해신제를 크게 지냈다. 뱃길에 무사안녕을 비는 제사였다. 많은 사람들이 몰려들었다. 푸짐한 제사 음식을 많은 사람들에게 골고루 나누어 주었다.

해신제를 지내니 적산포 앞바다는 신기하게도 바람 한 점 없이 바다 물결은 잔잔했다.

적산포 앞바다에 일곱 척의 배가 닻을 올리고 돛이 펼쳐졌다.

이윽고 북소리와 징소리가 울렸다. 배들이 바람을 타고 둥실 떠갔다.

장보고는 일곱 척의 장삿배를 세 척의 관선으로 호위하게 되었다. 그것은 장삿배들이 혹시나 해적들의 습격을 받을까 염려가 되

5. 꿈을 펼친 법화원

어서였다.

배들의 돛대들이 가물가물 멀어질 때까지 나루의 사람들은 손을 흔들었다. 뱃길이 무사하기를 마음 속으로 빌고 빌었다.

"장보고 소장이 호위하는데 걱정할 것은 없어. 신라까지 무사히 도착할걸세."

"암, 장보고 소장은 바다의 등대지기야. 장보고 소장이 있는 한 우리들이 다니는 바다는 안전할 거야."

나루에 나왔던 사람들은 저마다 이렇게 장보고를 믿고 안심했다. 배의 돛대가 바다 저 멀리 사라지자 사람들은 마을로 돌아왔다.

장보고가 호위하는 배들이 황해 한복판에 이르렀을 때였다. 이곳은 신라가 더 가까운 곳인지도 모른다.

"자. 나는 되돌아갈 테니 이젠 마음놓고 가게."

장보고는 도사공을 보고 소리쳤다. 도사공도 허리를 굽혀 저쪽 배의 갑판에서 인사를 했다.

조금만 더 가면 신라의 덕물도(지금의 옹진군 덕적군도) 앞바다에 이른다. 거기서부터는 신라의 바다가 아닌가. 거기엔 해적들이 나타나는 일이 드물다. 마음놓고 목적지까지 갈 수 있다.

일곱 척의 배가 사라질 때까지 장보고는 관선을 멈추고 서 있었다. 혹시나 당나라의 해적들이 덮칠까 싶어 경계를 늦추지 않았다.

"해적이다."

"해적선이 나타났어요."

병사 하나가 소리쳤다.

"배를 앞으로 저어라."

장보고의 명령에 관선은 해적선을 향하여 나아갔다. 해적선엔 검은 깃발이 나부꼈다. 검은 깃발을 보면 해적선이란 걸 이내 알 수 있다.

해적선에서 화살이 날아왔다.

"겁내지 마라. 해적들이 우리들에게 겁을 주려고 화살을 날리는 거다. 도망가는 척하고 배를 옆으로 빼라."

장보고는 침착하라고 타일렀다. 군사들은 조금도 흔들리지 않았다. 해적선이 가까이 다가오고 있었다. 관선을 뒤쫓으며 마구 화살을 날렸다.

"저 녀석이 우두머리겠지?"

"그런가 봅니다."

갑판 위에서 이쪽을 보고 소리지르는 해적이 우두머리라는 걸 알 수 있었다.

"저놈들을 바다의 물고기 밥이 되게 해서는 안 되지. 사로잡아 내 앞에 무릎을 꿇도록 해야지."

장보고는 화살을 날렸다. 장보고의 활솜씨는 보통이 아니다. 병졸들도 그걸 안다. 1천 보 밖에서 명중시키는 활솜씨다. 해적선과의 거리는 한 1천 보쯤 되었다. 화살은 빠르고 정확히 우두머리의 오른쪽 눈에 박혔다.

5. 꿈을 펼친 법화원

해적들은 우두머리가 쓰러지자 겁을 집어먹었다. 우두머리가 무너지면 금방 규율이 무너진다. 해적들은 더 다가올 엄두를 못 냈다.
"저놈들을 사로잡아라."
장보고가 소리치자 관선 두 척은 재빨리 해적선 가까이로 갔다. 해적선이 꽁무니를 빼려고 했다.
"도망가면 모두가 눈알이 빠진다. 그대로 섰거라!"
장보고가 소리쳤다. 해적선은 그 자리에 꼼짝달싹 못하고 서 있었다.
병사들이 해적선으로 우르르 올라갔다. 우두머리를 꽁꽁 묶었다. 우두머리의 오른쪽 눈에 화살이 박혀 있었고 피가 줄줄 흘렀다.
장보고가 올라와 우두머리의 눈에 박힌 화살을 뽑았다.
"너희들을 적산포로 데리고 가야겠다. 너희들이 저지른 행패는 너희들이 잘 알겠지?"
20여 명의 해적들은 벌벌 떨면서 꼼짝도 못 했다.
장보고는 해적선을 이끌고 적산포로 향해 나아갔다.
"이젠 해적들의 행패도 끝났겠지. 이 소문을 들으면 다른 해적들도 감히 바닷길을 괴롭히지 못할 거야."
"암, 신라로 가는 배나 당나라로 오는 배는 이제 마음놓고 다닐 수 있겠군."
"무령군의 장보고 소장은 이제 바다의 장군이야. 어느 누구도 당해내지 못 할걸. 암, 그렇고말고."

병사들은 어깨가 으쓱해졌다. 너무나 신이 나서 덩실덩실 춤을 추었다.

"장보고 장군이 돌아온다."

적산포엔 환성이 터졌다. 관선들이 들어오고 있는 걸 보고 사람들이 손을 흔들었다.

장보고가 관선에서 내렸다. 뒤따라 병사들도 내렸다.

"장군님, 해적 떼를 만나지 않으셨습니까?"

장보고는 뒤를 가리켰다.

"장군님의 화살 하나에 우두머리의 눈이 하나 빠졌지. 저 뒤를 보시오."

뒤따르던 병사 하나가 뒤를 가리켰다. 해적들이 꽁꽁 묶인 채, 끌려 내려오고 있었다.

"한쪽 눈을 다친 놈이 우두머리구나."

적산포 사람들은 일제히 외쳤다. 아주 후련했다.

"저놈들 때문에 언제나 마음을 졸였지. 이젠 속이 시원하군."

적산포 사람들은 해적들을 향해 침을 뱉으며 욕설을 퍼부었다.

"그러지들 마시오. 해적들이 저지른 행패가 밉지, 사람을 미워해서야 되겠소."

장보고의 말에 사람들은 욕설을 멈추었다.

적산포 나루에는 마치 전쟁에서 이기고 개선한 장군을 맞이하는 듯한 기쁨과 감격으로 넘쳐흘렀다.

애꾸가 된 우두머리는 머리를 푹 숙이고 기가 죽었다. 장보고의 지혜와 용맹, 무예에 대해 더 버틸 수는 없다고 생각했다.

장보고는 살려 달라고 손이 닳도록 비는 해적의 우두머리와 졸개들을 관아에 데리고 가서 쉬게 했다.

"이제부터 내가 말하는 대로 하면 목숨만은 살려 주겠다."

"예, 무엇이든지 시키시면 목숨을 걸고 하겠습니다."

"약속은 꼭 지키겠지?"

"예."

"그러면 두목은 눈의 상처가 나을 때까지 여기에서 내 심부름을 하고, 나머지 졸개들은 제각기 고향으로 돌아가 다시는 이런 행패를 하지 말도록. 알아들었느냐?"

"예."

장보고의 말은 엄숙했다.

"장군님의 명령이신데 그렇게 해야지요."

해적 떼들은 뿔뿔이 흩어졌다. 적산포는 며칠 밤낮을 가리지 않고 잔치로 들떴다. 주막 거리나 집집마다 기쁨에 흥청대는 사람들로 붐볐다.

바다의 늑대나 다름없는 해적의 우두머리가 장보고에게 무릎을 꿇은 것은 너무도 엄청난 기쁨이었다.

해적 우두머리가 장보고에게 항복했다는 소문은 재빨리 멀리 퍼져 갔다. 사람들은 멀리서까지 정말인지 아닌지를 확인하러 적산포

로 몰려들었다.

해적들이 바다에서 기세를 떨치지 못하게 된 걸 안 사람들은 기뻐 어찌할 줄 몰랐다.

적산포를 드나드는 많은 배들이 무슨 짐을 싣고 어디로 오가든 험한 풍랑밖에 겁낼 게 없게 되었다. 해적들의 행패도 면하게 되었으니 기쁨은 하늘을 찌를 듯했다.

"해적선을 죄다 장군님께 드리겠습니다. 이 배를 장삿배로 사용하십시오."

해적 우두머리는 배까지도 장보고에게 넘겨 주었다.

적산포 장보고에게 해적 우두머리가 항복하러 온 지 사흘째 되는 오후였다. 적산포 앞바다에 돛을 펼친 큰 배, 작은 배들이 들어왔다. 우두머리가 연락한 배였다.

장보고는 해적 우두머리를 데리고 배에 올랐다.

"얘들아, 장보고 장군님이시다. 모두 배에서 내려 인사드려라."

닻을 내린 해적선에서 졸개들이 우르르 내렸다.

"이제부터 너희들은 각각 고향으로 돌아가 새로운 삶을 찾아라. 지금까지의 잘못은 없었던 것으로 하겠다."

장보고의 말에 졸개들을 두 손을 흔들며 환호했다. 졸개들도 해적 생활이 지겨웠고 몸서리쳐졌던 모양이었다. 졸개들은 기뻐서 덩실덩실 춤을 추었다.

이제 장삿배들은 신라나 당나라를 마음놓고 오갔다. 장보고는 신라에서 배가 들어오면 밤을 밝혀 가며 신라의 이야기를 듣기에 정신을 빼앗겼다. 그 배가 조음섬에서 왔다면 더욱 마음이 설레었다.

배움길에 오른 스님이나 장사꾼들은 적산포에서 내리면 한결같이 장보고를 찾아와 인사를 올렸다.

"장군님이 당나라에서 벼슬자리에 올랐을 뿐만 아니라 당나라 조정에서 크게 칭찬받고 있다는 소문이 신라에까지 퍼졌습니다. 서라벌 진골 귀족들의 사랑방이나 백성들의 집에서도 장군님의 이야기로 꽃을 피우고 있지요."

장보고는 이런 말을 들을 때마다 씽긋 웃었다. 그런 소리를 들으면 왠지 신라로 가고 싶어졌다. 당나라 장군의 위엄을 갖추고 나타나기만 하면 모두 깜짝 놀라며 자신을 우러러 떠받들 것이 틀림없었다.

'때를 기다려야지. 때를 기다려서 꼭 가게 될 때에 가는 것이 훨씬 빛나고 돋보일 것이다.'

장보고는 설레는 마음을 이렇게 달랬다. 우선 장사에 힘을 기울이기로 했다. 관아의 자질구레한 일은 정연에게 맡겨 놓았으니 걱정없었다. 오직 장사하는 일에만 열중하면 된다. 먼저 남쪽, 북쪽, 동해, 서해의 사정을 확실하게 파악하기로 했다. 관선을 타고 바다를 누비며 뱃길을 살폈다. 어떤 물건들이 무역의 대상인가를 유심히 눈여겨봤다.

장보고는 이렇게 적산포에서 세력을 키우고 재력도 쌓아 갔다.

마침내 장보고는 적산포에 신라 사람들을 위해 절을 세우기로 하였다.

드디어 절 세우는 일이 시작됐다.

돌이며 재목을 실어 오고 흙을 이겨 기와를 구웠다.

절 양식은 신라의 절을 본떴다. 목공과 석공들이 신라 사람들이니까 힘들지 않았다.

법당에 부처님을 모시고 범종을 달았다. 절을 세우기 시작한 지 다섯 달 만에 완공되어 적산포 앞바다를 굽어보며 섰다. 처마 끝의 풍경 소리도 바닷물처럼 맑았다.

절 이름을 법화원이라 했다. 법화원 뒤에 층암절벽이 치솟아 있고 바위가 엷은 붉은 빛을 띠고 있다. 법화원 절 뒷산의 바위는 햇빛이 밝게 비칠 때보다도 비가 올 때면 더욱 붉은 빛을 띤다. 그래서 이곳을 적산(赤山:붉은 산)이라고 부른다.

장보고는 신라의 스님들을 초청해 왔다. 법화원은 번성하기 시작하였다. 안팎이 신라의 절 그대로였다.

법화원을 지키고 있는 비구 스님이 스물넷, 비구니 스님이 셋, 일하는 노파가 셋, 모두 신라에서 온 사람들이었다.

절 안에서의 모든 행사와 경을 읽는 것은 신라의 의식과 말을 그대로 썼다. 법화원은 당나라를 왕래하는 신라 사람들의 의지할 곳이 되었다.

일본에서 당나라로 공부하러 오는 스님들도 이 곳 적산포 법화원에 들러 여러 날 묵고 간다. 그것은 신라를 거쳐 신라 배를 타고 오기 때문이다. 법화원에 묵은 일본 스님들은 법화원을 몹시 부러워하였다.

　장보고가 부처님을 믿는 마음은 독실했다. 아침저녁으로 울려 퍼지는 목탁 소리만 들어도 마음이 안정되었다. 자신도 모르게 부처님 앞에 향을 피우고 머리숙여 관세음보살을 외웠다. 그러면 부처님이 지켜 줄 것 같았다. 이런 믿음은 부처님을 지극히 믿는 데서 오는 것이었다.

　법화원은 신라 사람들의 마음의 주춧돌이요, 기둥이었다. 법화원은 신라 사람들로 북적거렸다. 어떨 때는 2백 명이나 모여들 때도 있었다.

　이렇게 되니 적산포는 신라의 바닷가 마을을 그대로 당나라에 떠다 놓은 것 같았다. 신라 옷차림에 신라 말을 하는 사람들로 절 안팎이 웅성댔다. 그러니 여기가 신라가 아니고 어디겠는가.

6. 장보고의 곁을 떠난 정연

정연은 장보고 밑에서 뒤치다꺼리나 하는 자신의 신세가 더없이 따분하고 서글펐다.

'적산포를 떠나는 것이 마음 편해.'

정연은 마침내 마음을 굳게 먹고 적산포를 떠나기로 했다. 장보고 밑에서 있는 것보다 멀리 혼자 있는 게 훨씬 편할 것 같았다. 이전까지만 해도 정연과 장보고는 같은 위치에 있었다. 허물없는 친구이자 피를 나눈 형제와 같았다.

정연은 장보고보다 나이가 두 살이 적었지만 어떤 때는 다정한 친구로, 어떤 때는 형과 아우처럼 서로 믿고 의지했었다.

그러나 지금 장보고는 신라방을 다스리는 책임자가 아닌가. 자신의 재주가 장보고보다 떨어진다고 생각해 본 적은 한 번도 없었다. 막상 떠나려고 하니 그저 막막하기만 했다.

그러나 정연은 마침내 결심을 했다.

'한 나무에 깃을 접고 잠자던 새들도 날이 새면 뿔뿔이 흩어져 간다. 이 정연이 가야 할 길은 따로 있다.'

장보고와 함께 있으면 그의 그늘에 묻혀 빛을 보지 못할 것이라고 깨닫게 된 것은 적산포에 와서부터였다.

흩어졌다 다시 뭉치는 구름장처럼 하루를 넘기지 않고 또 얼굴을 맞대야 할 절친한 사이이긴 하지만 결심이 섰을 때, 실행에 옮겨야 한다고 마음을 다져 먹었다.

정연은 몰래 밤을 타서 적산포를 빠져 나왔다. 발길은 저절로 연수향으로 향했다.

'야속한 친구.'

정연이 없어진 걸 안 장보고는 우울했다.

"정연아, 내가 네 마음을 왜 모르겠니. 알고도 남아."

장보고는 훌쩍 떠난 정연의 마음을 짚어 보며 그날은 하루 종일 법화원 법당에서 명상에 잠겼다.

장보고의 나날은 바빴다. 신라방을 돌보고, 나루의 배를 살피고, 법화원의 스님, 학자, 장사꾼들을 돌봐 주느라 눈코 뜰 새가 없었다. 그뿐이 아니었다. 직접 선단(여러 척의 배)을 거느리고 무역 활동을 했다.

정연이 적산포에서 떠나와 연수향에 머문 지, 삼 년이 되던 해였다. 어느 날, 서주 자사의 관아에서 심부름꾼이 찾아와서 장안에 있는 호시랑의 전갈을 알려 주고 갔다.

'장안으로 와서 그대의 훌륭한 무예 솜씨를 보여 주기 바란다. 이 글 받는 대로 달려오라.'

글을 받아 본 정연은 기뻤다. 호시랑은 전 사주 자사였다. 벼슬이 올라 호시랑으로 장안에 가 있었다. 사주 자사로 있을 때, 장보고와 정연은 사랑을 받았다. 호시랑은 장보고와 정연의 재주를 아꼈다.

정연은 한걸음에 장안으로 달려갔다.

"역시 서울이라 다르군. 집들이 으리으리하군."

정연은 성 안으로 들어와 집들을 살폈다. 이런 기와집들은 처음 보았다. 높은 벼슬아치를 실은 수레도 수많이 오갔다. 이것 저것 살피다 보니 정연의 눈은 핑핑 돌았다.

"세상에 태어난 보람이 있구나. 당나라 천자가 있는 장안 구경을 하다니."

정연은 혼자 중얼거리며 마냥 기쁨에 젖었다. 가슴이 부풀어 올랐다.

자기를 불러 준 호시랑이 고맙기 그지없었다. 장보고는 적산포에서 높은 벼슬을 하고 있으니, 놀고 있는 정연에게 벼슬을 줄 거라 여겼다. 그렇게 생각하니 신나지 않을 수가 없었다.

호시랑 댁은 성 안의 남쪽에 있었다. 대문을 열어 주는 하인을 따라 안으로 들어갔다. 호시랑에게 인사를 드렸다.

"멀리 오느라 수고가 많았다."

호시랑이 빙그레 웃으면서 정연의 인사를 받았다.

그 때, 문을 열고 웬 젊은이가 온 얼굴에 웃음을 머금고 방 안으로 들어왔다.

"어!"

정연의 입에선 외마디 소리가 터져 나왔다. 너무도 놀랐다. 적산포에 있어야 할 장보고가 여기에 있다니. 정연은 눈을 닦고 다시 살펴봤다.

장보고가 틀림없었다.

"오느라고 수고 많았지?"

장보고의 말은 따뜻했다.

"얼굴이 수척하구나. 고생이 많았지."

"고생은 뭘."

정연은 그제야 입을 열었다. 조금 쑥스럽기도 했다.

"두 사람이 떨어져 있다기에 내 일부러 만날 기회를 만든 거란다. 장안 구경도 할 겸, 놀라운 재주를 장안 사람들에게 보이고 싶기도 하고."

호시랑은 두 사람을 앉혀 놓고 기뻐했다. 정연은 그제야 장안에 온 뜻을 알았다.

"내가 조정에 가끔 두 사람의 얘기를 많이 했지. 그때마다 모두들 한번 보고 싶다는 거야. 그러던 중 좋은 기회가 왔지. 오는 보름날이 폐하의 50회 생신날이니, 그 때 두 사람의 재주를 보이고 싶어서……."

호시랑은 말끝을 흐리면서 웃었다. 정연은 호시랑의 말에 가슴 뿌듯했다.

'이번에 잘하면 일자리 하나는 마련해 주겠지.'

정연은 천장을 쳐다보며 생각했다.

"아직 그날이 여러 날 남았으니 그 동안 장안 구경이나 두루 하고 푹 쉬도록 해라."

호시랑이 자리를 떴다. 두 사람도 뒤따라 나와 아랫방으로 갔다.

정연은 장보고와 함께 장안 구경을 다녔다. 그러나 마음은 항상 개운치 않았다. 장보고가 곁에 있는 게 어쩐지 어색했다.

장보고는 옛날과는 달랐다. 장보고의 곁에는 항상 시종이 따라다니며 수발을 들고 있었다.

그러나 장보고는 옛날처럼 정연을 다정히 대했다.

"정연아, 이번엔 적산포로 가는 거다. 요즘은 신라에서 배들도 자주 드나들고, 할 일이 많아졌어."

장안을 구경하다가 장보고가 불쑥 이런 말을 내뱉었다.

정연은 대답을 하지 않았다. 이제 적산포로 간다면 모두들 손가락질을 하고 비웃을 것이라고 생각했다.

보름날, 장보고와 정연의 재주를 보러 사람들은 구름처럼 모여들었다. 성문 밖 넓은 들판에서 활쏘기, 창쓰기, 말달리기가 시작되었다. 높고 낮은 벼슬아치들과 구경꾼들은 두 사람의 재주에 혀를 내둘렀다. 당나라 사람들이 감히 엄두도 못내는 재주를 두 사람은 잘 해냈다.

재주를 끝낸 뒤 비단 1백 필과 황금 두 근씩을 받았다. 푸짐한 상이었다. 그러나 정연은 이런 상보다는 벼슬자리나 하나 내렸으면 하고 바랐다.

"두 사람은 적산포로 돌아가 기다려라. 곧 좋은 소식이 갈 거다."

호시랑은 두 사람을 칭찬한 뒤 이렇게 말했다. 정연은 당장 벼슬을 내리지 않는 게 퍽 서운했다. 그러나 곧 좋은 소식이 있을 거라니 조금 마음이 놓였다.

"정연아, 잘됐다. 우리 적산포로 함께 가는 거다."

정연이 머리를 가볍게 끄덕였다. 장보고는 기뻤다. 정연의 비뚤어진 마음을 바로잡을 좋은 기회라고 여겼다.

장보고는 정연의 손을 꼭 잡고 흔들었다. 장보고의 눈가장자리에 웃음꽃이 피어났다.

'내가 뭐 좋아서 함께 가는 줄 아는가 보지. 착각하지 마. 난 좋은 소식을 기다리기 위해 적산포로 가는 거야.'

정연은 이렇게 장보고에게 면박을 주고 싶었다. 그러나 참았다.

정연은 오랜만에 적산포에 발을 들여놓았다. 별로 달라진 게 없었다. 옛날 그대로였다. 다만 신라방의 집들이 꽤나 늘어난 것만 달랐다.

정연은 좋은 소식이 올 그날만 손꼽아 기다리며 지냈다.

"정연아, 당나라 황제가 노예가 된 신라 사람들을 죄다 풀어 주라고 명령을 내리셨단다. 이젠 당나라에서 노예 생활하는 신라 사람은 없어지게 되었구나."

장보고가 기쁨을 감추지 못하고 그저 싱글벙글 웃기만 했다.

서기 823년 1월 1일, 당나라 황제의 이 칙령은 신라에까지 전달되었다.

"그런 명령이 어디 한두 번이어야지. 누가 황제의 명령을 지키기나 한대?"

정연은 못마땅한 듯 시큰둥하게 대답했다. 정말 정연의 말도 틀리지는 않았다.

신라에서는 당나라 황제에게 신라 사람들을 붙들어가 노예로 팔아먹지 못하게 해 달라고 했다.

서기 816년 당나라 황제는 신라 사람들을 노예로 삼지 못하도록 명령을 내린 적이 있었다. 그러나 황제의 명령이 제대로 지켜지지 않았다.

'해적들이 백성들을 붙들어 당나라로 끌고 가 등주, 래주, 소주 등지에서 노비로 팔고 있다 하오니 시정하여 주십시오.'

서기 821년에도 평로군 절도사 설평이 상소를 올렸었다. 그 해 3월 11일, 당나라 황제는 다시 그런 일을 못하도록 명령을 내렸다. 그러나 실효를 거두지는 못했다.

"이번에야, 꼭 지켜지겠지. 노예로부터 풀려 나면 내가 나서서 이들을 신라로 보내 줘야겠어."

장보고는 조금 들떠 있었다. 불행한 신라 사람들을 위해 발벗고 나서야겠다고 마음먹었다.

장보고는 그날부터 여러 곳에 흩어져 있는 신라방에 사람을 보내어 방을 붙였다.

'이번 당나라 황제의 명에 의해 노비로부터 풀려난 신라 사람들은 적산포로 모이도록 하라. 신라로 돌아 갈 수 있는 배를 마련했으니 언제든지 오라. 적산포의 장보고.'

이 소문은 삽시간에 신라방을 거쳐 곳곳에 퍼져 갔다. 노비로부터 풀려 난 신라 사람들이 적산포로 모이기 시작했다. 장보고의 권위가 새삼 돋보이기 시작했다.

노예가 된 신라 사람의 수효는 엄청나게 많았다.

홍덕왕 3년인 서기 828년엔 신라에 흉년이 들었었다. 하도 굶주려 자기의 어린 자식을 팔아넘기고 그 돈으로 허기진 배를 채우는 사람들도 많았다고 한다. 어린 아이들을 사서 중국 상인에게 노예로 팔아 넘겼으니 해적 떼에게 붙잡혀 와 노예로 팔린 사람을 합치면 그 수효가 엄청났다.

'나는 신라로 돌아가야겠어. 지금 서라벌은 조용하지 않은가 봐. 가서 나라를 위해 뭐든지 일을 해야지.'

장보고는 노비가 되었던 신라 사람들을 볼 때마다 더욱 이런 결심을 했다.

법화원은 노비가 되었던 신라 사람들로 꽉 찬 듯했다.

적산포 신라방에도 팔월 한가윗날은 찾아왔다.

법화원에서는 이틀 동안이나 법회를 했고, 모여든 사람의 수효는

2백 50명이 훨씬 넘었다. 하루에 쌀 몇십 가마를 헐어 밥을 지어야 했다.

당나라 땅이지만 적산포는 서라벌의 어느 한모퉁이 같았다.

많은 여자들이 탑 주위를 돌며 탑돌이를 하는 모습도 서라벌 여느 절과 다름없었다.

장보고도 정연이도 이날만은 사람들 속에 섞여 탑돌이를 하였다.

말도 풍습도 다 신라 것이었다. 사람도 신라 사람들이다.

노예였던 신라 사람들은 오랜만에 맛보는 명절이었고 향수를 마음껏 달래 보는 날이었다.

정연은 또 적산포의 생활이 시들해졌다.

'에라, 모르겠다. 다시 연수향으로 가는 수밖에 없다. 그래도 그곳은 내 시름을 달래 주는 유일한 곳이지.'

정연은 더 이상 적산포에 있기가 싫어졌다.

'장보고가 신라로 가든 말든 그건 내 알 바 아니다.'

정연은 자신도 장보고만큼 벼슬이 오르지 않고는 신라로 돌아갈 수 없다고 생각했다. 조금 이기적인 정연이 되었다. 그림자처럼 다정하게 다니던 둘 사이가 이렇게 금이 가고 벌어졌다.

정연은 장보고에게 온다 간다 말 한마디 없이 밤중에 사라졌다.

장보고는 정연이 야속했다. 의지했던 정연이 다시 사라지자 울화가 치밀고 마음도 산란해졌다.

7. 고국에서 꿈을 펼치리라

'신라로 돌아가면 바다를 한 손에 거머쥐고 신라의 위엄을 떨쳐야지. 떨쳐야 하고말고.'

장보고는 신라에 돌아가 보잘것없이 살고 싶지는 않았다. 그러나 서라벌에서 진골들과 어울려 벼슬자리를 차지하는 것은 별로 마음에 없었다. 지금보다 더욱 강력하게 해상권을 장악하여 신라인이 노비로 팔려가는 것을 막으면서 자유롭게 국제 무역을 하는 것, 이것만이라도 공식적으로 인정받을 수 있다면 그것으로 족하다고 생각하였다.

서라벌에는 장보고를 믿고 도와 줄 사람이 없었다. 처음부터 서라벌에서 벼슬하겠다는 생각은 없었다.

어떤 이들은 신라에 돌아가면 벼슬자리를 줄 것이라고들 했다. 그것은 별로 미덥지가 않았다. 그는 골품 귀족 출신이 아니었다. 골품 귀족들 사이에서도 몇 안 되는 자리를 놓고 권력을 다투던 차에 장보고와 같은 지방의 평민, 그것도 섬 출신에게 벼슬자리가 돌아온다는 것은 꿈도 꾸지 못할 일이었다.

7. 고국에서 꿈을 펼치리라

며칠을 이리 뒹굴고 저리 뒹굴고 하면서 고민했다. 인생의 길을 다시 바꾸는 중대한 일이 아닐 수 없었다.

법화원에서 법회가 열리던 날 장보고는 마침내 결단을 내렸다.

"이젠 내가 신라로 돌아갈 때가 되었나 봅니다. 이곳 신라방은 이제 자리가 잡혔습니다. 내가 아니라도 이 곳을 훌륭히 맡아나갈 사람이 있을 겁니다. 나는 신라로 건너가서 지금까지 익힌 경험을 토대로 본격적인 해상 무역을 할 참입니다. 우리도 남부끄럽지 않게 잘 살자면 돈을 벌어야 합니다. 내가 이끄는 배가 여기 적산포를 중심으로 소주, 서주, 사주, 양주, 명주 등지를 비롯하여 일본까지 나다닐 겁니다. 그 때 여러분은 나의 일을 도와 주어야겠습니다."

법화원에 모인 사람들은 어리둥절하였다. 농담삼아 하는 말인 줄 알았다. 그러나 장보고의 얼굴을 살펴보니 그런 것 같지는 않았다. 너무도 진지했다.

"장군님, 장군님은 여기 계셔야만 합니다. 지금은 사라졌다지만 장군님이 떠나신 걸 알면 당나라 해적들이 언제 또 일어날지도 모릅니다."

모두들 장보고의 귀국을 반대하였다.

"그건 모르는 말씀이오. 간다고 아주 가는 것은 아니오. 고향에 가서 자리가 잡히면 내가 이끄는 배를 타고 일 년에 한 번씩은 다녀 갈 생각입니다. 너무 걱정들 마십시오. 여기엔 장영 압아가 책임지고 일을 돌볼 것입니다. 안심하십시오."

장보고의 귀국 결심을 바꿀 수가 없었다. 이 문제로 신라방에서는 논쟁이 계속되었다.

"장군이 신라로 돌아간다고 신라 조정의 간신들이 반길 리가 없습니다."

"그렇게 되면 다시 여기로 돌아오지요."

"다시 돌아올 수만 있다면 장군의 성공을 위해서라도 귀국을 찬성하겠습니다. 우선 이렇게 하시지요."

"어떻게."

"등주 자사에게 부탁하여 당나라 황제에게 상주문을 올려달라고 부탁하면……"

"무슨 뜻의 글을?"

"장보고 장군이 이곳에 와서 신라 사람들로 하여금 농업을 발전시키게 하고, 해적을 물리쳐서 평화롭게 살도록 큰 공을 세웠소. 일찍이 무령군 소장을 지냈고 여기의 신라방을 잘 다스리고 있소. 이런 내용을 담은 당나라 황제의 칙서를 가지고 가시면 신라 왕께서도 소홀히 대하지 못하실 것입니다."

법화원의 한 스님이 지혜로운 타협안을 내놓았다.

"글쎄요."

장보고는 말꼬리를 흐렸다.

"무얼 그리도 망설이십니까? 스님의 말씀대로 하시는 것이 좋을

7. 고국에서 꿈을 펼치리라

것 같은데요."

옆에 있던 다른 스님들도 이구동성으로 말했다.

장보고는 머리를 흔들었다.

"당나라의 사정을 물으시면 신라의 백성이 해적에게 잡혀 가 당나라에 노예로 팔린다는 실정을 아뢰고, 그것을 막는 일을 시켜 주시면 자신이 있다는 뜻을 넌지시 말씀하여 보십시오. 그때 신라의 왕께서도 허락하면 다행이고 그런 희망이 없으면 미련 두지 마시고 곧장 돌아오십시오."

절대 반대하던 신라방 사람들이 스님의 제안에 찬성했다. 신라방 사람들의 걱정은 장보고가 귀국하여 혹시나 잘못될까 봐 그것이 걱정이었다.

장보고는 날을 잡아 노예로 팔려온 신라 사람들을 가득 싣고 적산포를 떠나 신라로 향하였다.

장보고가 신라로 돌아온다는 소식은 신라에서 쫙 퍼졌다. 얼마 전 적산포를 다녀온 무역선에서 흘러나온 소식이었다. 그리던 고향 완도에 닻을 내렸다. 신라 흥덕왕 3년인 서기 828년이었다.

출렁대는 바닷물도 장보고를 반기는 듯했다. 고향은 옛날과 같이 한가롭지는 않았다. 당나라와 일본을 오가며 사사로운 무역에 종사하며 생활하는 무리들이 늘어나 있을 뿐이었다. 그들은 두세 척의 배를 이끌고 이 곳 완도에 들어 물을 보충하거나 야채를 구하기도 하였다. 신라가 당나라에 파견하는 사신의 행차는 일 년이나 이 년에 한 차례 있었다.

　이것은 다 장보고가 당나라의 적산포를 지키고 있어서 배가 마음 놓고 바다를 다닐 수 있었기 때문이었다.

　고향에서는 장보고 장군이 온다 해도 누군 줄 몰랐다. 서라벌의 높은 벼슬자리에 있는 장군인 줄만 알았다. 청년 때 섬을 떠난 궁복이란 걸 아는 사람은 없었다.

　해가 저녁 반나절이나 기울었을 무렵이었다.

　"배가 닿았다."

　나루에 나온 사람들은 닻을 내린 배를 보고 소리쳤다. 많은 사람들이 꾸역꾸역 내렸다.

　"장보고 장군이다."

　사람들은 제일 마지막에 내리는 사람을 보고 소리쳤다. 장군복을 입었으니 그렇게 생각했다.

　참 이상한 일이 아닐 수 없었다. 장군복 차림의 사람은 배에서 내리자마자 산과 언덕을 바라보면서 눈물을 흘리는 게 아닌가?

　오랜만에 조국의 땅, 고향 땅을 밟은 감격에 눈물을 흘리는 장보고가 아닌가.

　마을 사람들은 어리둥절했다.

　'대체 누구이길래 저리도 눈시울을 붉힐까?'

　마을 사람들은 장보고의 거동을 궁금히 여겼다.

　장보고는 눈시울을 닦고 섬으로 올라섰다.

"궁복이올시다."

장보고는 마을 사람들 앞에 넓죽 엎드려 절을 하였다.

"뭐, 궁복이라고!"

"당나라로 갔던 궁복이가 돌아왔다구."

노인들은 장보고의 얼굴을 들고 이리저리 살폈습니다.

"정말 궁복이로구나."

마을 사람들은 너무도 기뻐 덩실덩실 춤을 추었다. 섬사람들은 장보고를 보고 좀처럼 흩어지질 않았다.

장보고는 당나라에서 가지고 온 비단을 집집마다 골고루 한 필씩 돌렸다.

장보고는 조음섬에서 쉬면서 앞날의 계획을 차근차근 세웠다.

바다에서 큰 일을 하려면 이곳 조음섬처럼 알맞은 곳은 없다고 생각했다.

장보고는 며칠 동안 바닷가의 지형을 자세히 살폈다. 크고 작은 섬들도 낱낱이 둘러보았다.

'무엇보다도 먼저 할 일은 근처에 배를 만들 알맞은 곳을 찾아야 한다. 또 배를 만들자면 재목이 필요하다. 그 재목을 가져올 산도 살펴야 한다.'

장보고의 꿈은 부풀었다. 배를 만들 목공들은 당나라 초주의 신라방에서 얼마든지 데려올 수 있었다. 배 만드는 일은 조금도 걱정할 것 없다고 생각했다. 장보고는 언덕을 거닐었다. 바다를 바라볼

수록 그 넓은 바다가 온통 품 안으로 안기는 것만 같았다.

'장차 이 섬 구석구석을 어떻게 꾸미지? 집은 어디에 어떻게 세우고 배는 어디서 만들고, 성은 어떻게 쌓아야 하나?'

장보고는 머릿속에 떠오르는 생각들이 많았다.

'바다를 지키자면 젊은이들 몇천 명을 길러 힘과 재주를 익히게 해야지.'

이런 생각도 간절했다. 서라벌 조정에서 도움을 주지 않더라도 자신이 하는 일을 인정받을 수만 있다면 혼자 힘으로 넉넉히 해내리라 다짐했다. 장보고는 완도에서 얼마 동안 서라벌의 사정을 살피면서 세력을 길렀다. 그런 뒤 서라벌로 길을 떠났다.

장보고는 남해로 해서 울주에 내리는 바닷길을 택했다.

'이럴 때 정연이와 같이 서라벌로 간다면 얼마나 좋을까?'

장보고는 정연이 생각이 났다. 그러나 지금은 혼자 서라벌로 향하고 있었다.

'서라벌에 가면 정말 나를 반겨 줄까?'

서라벌은 진골 귀족들이 벼슬을 다 차지하고 있다. 길섶의 잡초나 다름없이 자라난 장보고는 성큼 서라벌로 발을 들여놓기가 두려웠다.

'당나라 조정의 글월과 당나라 장군의 위엄을 갖춘 몸을 이웃집 강아지처럼 대하지는 않겠지.'

이렇게 생각하니 다소 마음이 놓였다. 그러나 마음이 뒤숭숭해짐은 어쩔 수 없었다.

그 때 신라는 전국을 9주로 나누어 도독을 보내어 다스렸다.

신라의 옛 지방에 사벌주(상주), 삽량주(양산), 청주(진주)를, 고구려의 옛 지방에 한산주(경기 광주), 수약주(춘천), 명주(강릉)를, 백제의 옛 지방에는 웅천주(공주), 완산주(전주), 무진주(광주)를 두었다. 주 밑에는 군(책임자 태수), 현을 두어 중앙에서 관리를 파견하여 다스렸다.

말단 행정의 단위인 촌에는 그 지역의 세력가를 촌주로 임명하여 그 지방의 행정 기관의 통제를 받도록 하였다.

농민들은 보통 촌이라는 행정 구역에 들어 있었다. 그들은 조그마한 땅뙈기를 붙여먹고 어렵사리 살아가거나, 귀족이나 사원들의 장원에서 농사를 지으며 살고 있었다. 귀족들의 장원은 전국 곳곳에 흩어져 있었다. 장보고의 고향 부근의 섬에도 경주 황룡사의 장원이 있었다.

서울인 금성(경주)을 비롯하여 그를 본뜬 작은 서울인 중원경(충주), 북원경(원주), 서원경(청주), 금관경(김해), 남원경(남원) 등의 소경을 두고 있었다.

이들 지역에는 9서당이라는 군대가 조직되어 있었다. 9서당은 외적을 지키는 외에 국방과 치안을 담당하는 경찰의 임무까지 맡고 있었다. 또 지방에는 '정'이라는 군대가 있었다.

신라 관리들의 직급인 관등은 골품제도와 밀접한 관계가 있었다.

장보고

진골은 최고 관등인 이벌찬까지 승진할 수 있었다. 그러나 6두품은 6위인 아찬까지, 5두품은 10위인 대나마까지, 4두품은 12위의 대사까지밖에는 승진할 수 없었다.

이와 같이 구분된 골품제도는 신분에 따라 아무리 유능한 인재라도 출세의 길이 달랐다. 심지어 옷차림새, 음식, 집과 마구간의 규모에 이르기까지, 여러 가지로 일상 생활에 차별을 받았다.

그래서 진골 귀족들이 아닌 6두품 출신들은 종교나 학문 쪽으로 출세의 길을 찾았다. 많은 사람들이 당나라에 유학하여 그곳의 과거 시험에 합격하여 이름을 떨치기도 하였다. 이들 유학 출신자들은 나중에 고국으로 돌아와 골품제도의 모순을 지적하기도 하였다.

'큰 인재는 높은 지위에 두고 작은 인재는 가벼운 소임을 주면 나라의 기강이 바로 서고 흥할 겁니다.'

그러나 이들의 주장은 받아들여지지 않았다. 진골들의 뿌리 깊은 권력 독점이 신라를 병들게 하고 있었다. 진골이 아니면 출세를 할 수 없었다.

'그러나 저러나 서라벌 조정에서는 말이 많겠지. 높은 벼슬자리는 진골이 아니면 앉지 못하도록 법으로 정해져 있잖는가. 당나라에서의 경력이나 지금의 활동을 인정한다 해도 나를 융숭히 대접해 줄까?'

장보고는 섬에서 자란 미천한 신분이 마음에 걸렸다. 큰 고을의 도독도 진골이라야 맡을 수 있었다. 장보고는 큰 기대를 가지지 않

7. 고국에서 꿈을 펼치리라

았다. 오히려 진골 귀족들이 현재 자신이 하고 있는 활동에 의심의 눈초리를 보낼까 봐 걱정되었다.

'만약 그렇게 되어 귀족들의 견제를 받는다면 더 이상의 적극적인 활동은 불가능해지고 내 꿈도 산산이 부서지고 만다. 나는 벼슬자리를 얻으러 서라벌로 가는 건 아니야. 바다에 목숨을 걸고 나라의 위세를 바다에서 펼쳐 보고 싶을 뿐이야.'

서라벌에 가서 자신의 활동을 바탕으로 신라의 바다를 지키는 활동이나 정식으로 허락받았으면 좋겠다는 생각을 했다.

서라벌에서는 그 동안 여러 말이 오갔다. 장보고가 돌아와서 바다에서 활발한 활동을 하고 있다는 소식을 듣고 조정에서는 언젠가는 한번 불러들여 노고를 치하해야 한다는 논의도 있었다.

"장보고는 한낱 남해안 섬의 갯마을에서 태어난 보잘것없는 사람이다."

어디서 날아들어온 소문인지는 몰라도 서라벌 조정을 술렁이게 하였다. 당나라에서는 이름을 날렸지만 신라에서는 꺼리지 않을 수 없었다. 장보고의 이야기가 진골들의 사랑방마다 끊이질 않았다.

'비록 무시못할 세력이긴 하지만 미천한 사람에게 높은 벼슬자리는 줄 수 없다.'

진골들의 생각은 대체로 이러했다.

'그러나 지금 상당한 재력을 갖고 있고, 당나라의 고관과도 친분이 있다 하는데 잘못하면 마찰을 빚지나 않을까.'

이렇게 두려움을 품는 진골들도 있었다.

신라는 당나라의 힘을 빌려 고구려와 백제를 쳐부수고 삼국을 통일했다. 그런 당나라를 괄시할 수 없었다. 해마다 사신을 보내어 공물을 바치고 있었다.

서라벌 조정에서는 의견의 일치를 보지 못했다.

당나라 조정에서 인정하고 신임한 사람을 푸대접할 수는 없었다. 그렇다고 진골만이 맡을 수 있는 높은 자리를 줄 수도 없었다. 혹 벼슬을 준다 해도 무슨 자리를 주어야 좋을지 근심거리였다.

시중으로 있는 우징은 여러 대신들과 의논했으나 뾰족한 수를 찾지 못했다. 우징은 머릿속이 몹시 어지러웠다. 장보고 한 사람 때문에 며칠째 말이 많았다.

우징의 생각 같아서는 적당한 대우를 해주고 돌려보내서 중앙정부에 충성심을 발휘하도록만 하면 될 것 같았다. 만나서 이야기를 나누고 다음에 이름뿐인 벼슬자리를 주어도 좋을 것 같았다.

흥덕왕은 장보고 문제를 잘 의논해서 처리하라며 시중 우징에게 미뤘다.

"장보고에 대해 결정을 아직 못 내렸느냐?"

아버지 균정이 집에 돌아온 아들 우징을 보고 물었다. 우징은 요사이의 일에 대해 자세히 말했다.

"네 생각은 어떠냐?"

"퍽 난처합니다. 대왕께서 결정을 내려 주시면 좋을 텐데. 저는 그 사람을 만나보지 않고서는 뭐라고 말씀드리기가 어렵습니다."

균정이 흥덕왕의 동생이니 우징은 왕의 조카뻘이 된다.

'장보고를 딴 사람들 편으로 빼앗겨서는 안 된다.'

균정은 혼자 이렇게 생각하였다. 장보고를 자기 편으로 잡아 두면 훗날 도움이 될 것 같았다.

"장보고가 서라벌로 오거든 시중인 네가 가까이 맞이하여라."

우징은 아버지의 뜻을 알아차릴 수 있었다.

흥덕왕도 장보고에 대한 의견이 한군데로 모이지 않는 까닭을 알았다. 그러나 장보고를 빨리 만나고 싶었다.

'전해 들은 이야기만으로도 보통 인물이 아니야. 당나라의 조정에도 높은 자리에 줄이 닿아 있다니 앞으로 큰 힘이 될지 모르지. 그러한 인물에게 나라의 일을 맡긴다면 당나라와의 사이가 두터워질 것은 말할 것도 없고……'

흥덕왕은 하루빨리 장보고가 서라벌로 들어오기를 기다렸다. 그러나 장보고가 어디쯤 오고 있다는 보고는 들어오지 않았다.

8. 청해진 대사로 임명된 장보고

　시중 우징이 사람을 시켜 장보고를 맞이하게 하였다. 미리 정해 놓은 처소로 안내되었다. 그곳에는 장보고를 위한 잔칫상이 마련되어 있었다. 밤늦도록 잔치가 벌어졌다.
　우징은 장보고를 자주 찾았다. 장보고의 뜻을 은근히 떠보기도 했다. 장보고는 진골들의 눈치를 살폈다. 그들의 뜻을 대강 읽을 수 있다. 좀처럼 임금을 만나게 해주지 않았다. 장보고는 그게 불만이었다.
　"저야 원래 섬에서 자란 뱃사람이 아닙니까? 바다를 떠나서는 할 일이 없잖습니까. 장사나 하고 살까 합니다."
　시중 우징이 묻는 말에 장보고는 은근히 자기의 뜻을 비쳤다.
　우징은 빨리 벼슬자리를 주지 않는다는 투정으로 받아들였다.
　'당나라에서 무예로 이름을 날리고 적산포에서 마음껏 세도를 떨치던 장보고가 섬 구석에서 장사나 하는 것으로 만족하다니, 그건 말이 안 되는 수작이야.'
　시중 우징은 은근히 장보고를 달랬다.

"조금만 기다리게. 곧 대왕께서 부름이 있으실 것이네."
"저는 바다를 떠나서는 아무 일도 못 합니다. 바다에서 일하고 싶은 것은 저의 간절한 마음입니다."
"바다에서 할 일이 뭐 있겠는가. 대장부가 좀더 큰 일을 해야지."
"아닙니다. 대장부가 큰 일을 할 곳은 육지보다 바다라고 생각합니다. 제가 서라벌에서 나라를 위하여 무엇을 할 수 있겠습니까? 혹시 나라 형편이 어지러워 싸움터에 나선다면 몰라도……."
우징은 장보고의 말에 아무 말도 하지 않았다. 장보고는 다시 입을 열었다.
"바다에는 할 일이 너무나 많습니다. 요즈음도 해적의 무리들이 신라의 백성들을 괴롭히지 않습니까? 그것을 막는 것도 큰 일이요, 당나라나 일본으로 세력을 뻗어 바다를 평안하게 하는 것도 큰 일이 아니겠습니까?"
'어! 이 사람 봐라. 장사나 하겠다던 사람이 이렇게 포부가 커!'
우징은 속으로 크게 놀랐다. 우징의 눈빛이 달라졌다.
"시중 나으리, 저의 고향은 보잘것없는 조그마한 갯마을입니다. 그러나 당나라와 일본으로 왕래하는 바닷길의 요충 지대입니다. 제가 지금 거느린 배의 숫자가 결코 적지 않습니다. 또 당나라와 일본을 오가는 무역도 날로 활기를 띠고 있습니다. 다만 제가 우려하는 것은 아직 나라에서 정식으로 인정받지 못한 처지라 그것이 늘 불안할 뿐입니다."

우징은 생각했다. 장보고의 생각이 정녕 그러하다면 굳이 서라벌에 붙잡아 두지 않아도 될 것 같았다.

우징은 머리를 끄덕였다.

"정 그런 생각이라면 대왕께 아뢰어 보겠네."

우징은 장보고의 뜻대로 되도록 돕고 싶었다.

요즈음 조정의 대신들도 비록 낮은 것일망정 장보고에게 벼슬을 주어 서라벌에 눌러앉게 해서는 안 된다는 주장이었다. 특히 이홍이나 김명, 제륭 등이 더 반대했다.

우징은 그들의 속셈을 읽을 수 있었다.

'자기들의 권세가 약해지는 걸 염려해서 그러는 게지.'

우징은 왕에게 아뢰어 장보고에게 적합한 벼슬을 주자고 하고 싶었다. 우징이 억지로 우겨서 벼슬을 주자고 하면 조정 대신들은 반대할 것이 뻔했다.

왕은 이래라 저래라 딱 잘라 말하는 성격이 아니었다.

우징은 남의 눈에 거슬리며까지 장보고에게 벼슬을 주자고 우기기는 싫었다.

'내가 장보고의 편을 든다는 걸 겉으로 나타낼 필요는 없잖은가. 앞으로 조정에 어떠한 일이 생기면 장보고의 힘을 빌릴 수도 있을 테니 슬그머니 장보고의 소원을 들어주는 것이 좋겠어.'

우징은 가까이서 힘이 되어 주지 못할 바에야 장보고가 하고 싶은 대로 해주는 것이 좋으리라 생각했다. 우징은 장보고의 뜻을 벌써 헤아렸다.

　장보고는 우징이 돌아간 뒤에 혼자 깊은 생각에 잠겼다.

　'그래 나에게 벼슬을 내릴 일이 없지. 난 진골이 아니야. 바닷가의 하잘것없는 어부의 아들이 아닌가.'

　장보고는 자기의 비천한 출신을 한탄하였다. 그러나 다시 머리를 흔들었다.

　'진골들의 날카로운 눈초리를 받으며, 괴로운 벼슬은 하기 싫다. 고향으로 돌아가 마음먹은 대로 활개를 칠 수만 있다면 그보다 더 좋은 일은 없다. 거기서 서라벌의 진골들이 아쉬워 찾아오도록 하겠다.'

　장보고는 어금니를 꽉 깨물며 다짐했다.

　조정에서는 아직도 장보고에게 어떤 대우를 해 줄 것인가를 결정하지 못하고 있었다.

　시중 우징은 빨리 이 일을 매듭짓고 싶었다.

　"대왕 마마, 장보고에 대해 빨리 결정을 내렸으면 하옵니다."

　시중 우징은 어전에 나아가 아뢰었다. 아무도 먼저 말하기를 꺼렸다.

　흥덕왕도 신하들의 눈치만 살피고 있었다.

　옆에 있던 김명은 시중 우징을 못마땅하게 여겼다.

　'빨리 결정을 내리자는 것은 장보고에게 높은 벼슬자리를 주자는 수작이 틀림없어.'

우징의 반대편에 있는 김명은 그렇다고 앞에 나서서 반대하지는 않았다. 왕의 말을 듣고 반대해도 늦지 않다고 생각했다.

"대왕 마마, 모두 의견이 구구하니 오늘은 장보고를 불러 본인의 뜻이 어떤가를 알아보고 결정을 내는 것이 좋겠사옵니다."

반대파의 김명, 제륭, 이홍은 의외라고 생각했다. 자기들의 생각과는 엉뚱한 말이었다.

'혹시 대왕 마마와 미리 짠 것은 아닐까?'

우징의 반대파에선 이렇게 생각하기도 했다.

"그게 좋겠소, 시중의 말대로 장보고를 불러 오는 게 어떻겠소."

이홍, 김명, 제륭은 이것마저 반대할 수는 없었다. 장보고를 불러와 그의 뜻을 알아본 뒤에 반대해도 늦지 않다고 생각했다.

마침내 장보고가 어전에 나타났다.

"어서 들라, 이름은 벌써 듣고 있었노라."

흥덕왕은 장보고를 반가이 맞이했다.

"대왕 마마, 미천한 이 사람을 불러 주셔서 황공하옵니다."

장보고는 허리를 굽혀 공손히 말했다.

"이제 고국에 돌아왔으니 이제부터 나라를 위하여 큰 일을 해야 되지 않겠는가?"

흥덕왕이 은근히 장보고의 뜻을 떠봤다.

"대왕 마마, 황공하옵니다."

흥덕왕의 말에 장보고는 다시 허리를 굽혔다.

'어라? 벼슬을 달라는 거와 같은 말이네.'

김명 등 우징의 반대파들은 장보고를 훑어봤다.

장보고는 잠자코 있기만 했다.

"그러면 어떤 일을 했으면 좋겠는가?"

흥덕왕의 물음에 모두들 숨을 죽이고 한참이나 조용했다. 장보고의 입에서 무슨 말이 나올지 몹시 궁금했다.

"대왕 마마, 저는 다른 소망이 없사옵니다. 고향에서 바다를 지키게 하여 주시면 더없는 영광으로 생각하옵니다."

흥덕왕이나 신하들은 놀랐다. 장보고가 커다란 욕심을 갖고 서라벌로 온 줄 알았다.

"섬을 지키겠다구?"

"그러하옵니다."

흥덕왕은 믿어지지 않았다. 눈을 둥그렇게 뜨며 되물었다.

"그것이 정녕 소원이란 말인가?"

"그렇사옵니다."

"나라를 위하는 일을 그처럼 조그마한 섬에서 어떻게 할 수 있단 말인가?"

"바다에 해적들이 날뛰고 있사옵니다. 그 해적들이 신라의 죄없는 백성들을 괴롭히고 있사옵니다. 바다에서 그들의 뿌리를 뽑아야 하옵니다. 그리고 당나라와 왜나라에 배를 자주 보내 교역을 하는 것이 나라를 위하는 바람직한 일이라 생각하옵니다."

장보고의 말에 어전은 찬물을 끼얹은 듯 조용했다. 정말 그럴 듯한 말이었다.

'저런 하찮은 일쯤이야. 대왕께서 허락하시겠지.'

신하들은 이렇게 생각했다. 너무도 하찮은 일이라 여겨졌다.

'먼 완도에서 장보고가 날뛴들 얼마나 날뛰겠어. 겨우 피라미 뛰는 것과 같지.'

이홍, 김명, 제륭의 편에서는 더 이상 경계를 하지 않았다.

"또 다른 소원은 없는가?"

흥덕왕은 몇 번이나 장보고에게 다짐했다.

"이것 하나뿐이옵니다."

장보고의 대답은 한결 같았다.

"어허! 아까운 인물이 외딴 섬에서 일하고 싶다니."

흥덕왕은 겉으로 이렇게 탄식하는 척하였다. 장보고에게 벼슬을 주겠다면 신하들이 벌떼같이 일어날 것이란 걸 왕은 알고 있었기 때문이다.

"대왕 마마, 저의 소원을 들어주지 않으시면 다시 당나라로 돌아갈지언정 다른 일은 맡을 수 없사옵니다."

흥덕왕은 장보고의 마음을 돌이킬 수 없다고 생각했다.

"시중의 생각은 어떻소? 어떻게 하면 좋겠소?"

흥덕왕은 시중 우징에게 장보고의 마음을 돌려 보도록 하였다.

"장보고의 소원을 들어주는 것이 좋겠사옵니다. 그의 뜻이 결코

나라를 위하는 조그마한 일이 아닌 줄 아옵니다. 허락하심이 좋을 듯하옵니다."

시중 우징은 이렇게 입을 열었다.

조정에서 볼 때, 완도는 정말 보잘것없는 곳이었다. 무주 도독이 이따금 사람을 보내 형편을 살필 뿐이었다. 당나라나 일본으로 통하는 배들이 드나드는 것밖에는 별로 특별한 일이 없는 섬이었다.

흥덕왕은 은근히 기뻤다. 당나라의 위세를 빌어 엉뚱한 자리를 노린다면 아주 곤란한 일이 아닌가.

"완도를 발판으로 삼아 바다의 해적들을 물리친다니 반갑기 그지없소. 그런 뜻에서 조음섬을 청해진이라고 부르는 것이 좋을 듯한데 경들은 어떻소?"

"성은이 망극하옵니다."

신하들은 일제히 머리를 숙여 대답했다.

"그러면 해적들을 물리쳐 바다를 깨끗이 하는 군사 기지라는 뜻으로 그곳을 청해진이라 부르고, 그 다음엔 그 곳을 지키는 장군의 벼슬은 무엇으로 하면 좋겠소?"

참으로 어려운 질문이었다.

'이거 야단났네. 벼슬 이름에 따라 지위가 높아질 수 있고 낮아질 수도 있는데……'

신하들은 얼른 대답을 못 했다.

"짐의 생각으로는……."

홍덕왕은 말꼬리를 흐렸다. 신하들은 왕의 다음 말을 기다릴 수밖에 없었다.
　"서라벌 출신이 아니니 중앙 관청의 벼슬을 줄 수도 없고, 독서삼품과에서 공부한 적도 없기 때문에 지방의 관직을 줄 수도 없으니, 어떻게 한다?"
　홍덕왕은 또 말을 끊었다. 신하들의 입은 벙어리가 된 듯 말이 없었다.
　"조정의 명령을 직접 받도록 하되 벼슬은 '대사'로 하는 것이 어떻소? 따로 좋은 의견이 있으면 말해 보오."
　갑자기 별다른 의견이 있을 리 없었다.
　"대사라는 벼슬이 좋지 않소?"
　홍덕왕이 신하들을 돌아보며 다시 물었다.
　"아니옵니다, 대왕 마마의 택하심이 옳은 줄 아옵니다."
　시중 우징이 말했다. 다른 신하들도 잇달아 찬성의 말을 했다.
　"그러면 장보고를 청해진 대사로 명하겠소."
　신하들은 벼슬 이름에 잠시 어리둥절하였다. 신라에는 대사라는 관직이 없었다. 아주 특수한 관직 이름이었다.
　홍덕왕은 당나라의 지방 관직인 절도사를 염두에 두고 장보고에게 대사라는 호칭을 주었다. 대사란 말 그대로 중요한 임무를 띤 왕의 사신이라는 뜻이다. 그러나 그것은 임시적인 호칭일 뿐 정식 관직의 이름은 아니었다.

'이런 벼슬을 주면 시끄럽지 않지.'

흥덕왕은 미리 시끄러운 걸 막기 위해 아리송한 벼슬을 내렸다. 신하들은 도대체 대사라는 벼슬이 얼마나 높은지 낮은지 가늠할 수 없었다.

장보고에게 내린 벼슬자리는 별 말 없이 두리뭉실 넘어갔다.

"청해진 대사는 병사를 얼마나 거느렸으면 좋겠느냐?"

장보고는 소원대로 된 것이 무척 기뻤는데 병졸까지 준다니 너무 흥분하였다.

'적으면 5백 명, 많으면 3천 명쯤 주시면 정말 큰 일을 해낼 수 있는데.'

장보고는 숨을 들이쉬고 생각을 가다듬었다.

'군졸 3천 명만 있으면 세상에 부러울 것이 없을 텐데……'

장보고는 조금 망설였다.

"5천 병사면 어떨까? 지금 나라엔 더 줄 병사는 없을 것 같고, 5천은 조음섬 부근에서 민병을 모집하여 쓰면 되겠지? 장 대사, 어떻게 생각하는가? 한 1만 병졸이면 흡족하지? 돌아가서 완도 주변의 백성들을 병사로 징발하여 바다를 지키는 데 부릴 수 있는 권한을 주겠노라."

"성은이 망극하옵니다."

장보고는 너무도 기뻤다. 이건 뜻밖이었다. 너무도 감격하여 눈시울이 뜨거워졌다. 가슴이 뿌듯했다.

'너무도 황공하옵니다. 3천이래도 흡족한데 1만이라니……'

장보고는 이제야 소년 시절의 꿈을 실현할 수 있는 확실한 기반을 얻는 것 같았다.

'장보고는 멍청이야. 당나라에서 이름을 떨쳤다는 자가 벼슬 하나 못 하고 외딴섬을 지키다니.'

'그러게 말이야. 당나라에서 이름을 떨친 장군이 아닐 거야.'

'혹시 가짜 장보고가 아닐까? 진짜 장보고 장군은 당나라에 있는지도 몰라.'

서라벌의 백성들은 이 소식을 듣고 죄다 의아해했다.

'장보고가 그렇게 된 것은 우징과 제륭, 김명, 이홍 사이의 눈에 보이지 않는 권력 싸움 때문이야. 임금님이 제륭의 편을 들어 우징의 세력을 눌러 버렸기 때문에 시중 우징이 장보고를 밀어 주지 못한 거야.'

웬만한 벼슬아치들은 이렇게 생각했다. 앞으로 임금의 자리를 물려 받게 될 사람은 제륭일 것이라고 쑥덕거렸다.

그러나 우징은 그렇게 생각하지 않았다.

'1만의 군졸을 부릴 수 있는 권한이란 예사 힘이 아니야. 언제고 쓸 만한 값어치가 있을 거야.'

우징은 청해진에서 1만의 군졸을 거느리고 있을 장보고가 믿음직스럽기 그지없었다.

'때가 오면 그 많은 병졸을 육지에서도 크게 한몫 쓸 때가 분명히

8. 청해진 대사로 임명된 장보고

올 것이다.'
우징은 혼자 이렇게 생각했다.
장보고는 청해진 대사가 되어 금의환향(비단옷을 입고 고향으로 돌아온다는 말로 성공하여 고향에 간다는 뜻임)하게 되었다.

9. 청해진에 세워진 작은 왕국

　장보고는 청해진의 본영을 조음섬으로 잡았다.
　조음섬 동쪽 해안은 기울기 70도의 절벽을 이루고 있다. 또 북쪽 해안과 남쪽 해안도 60~70도의 기울기로 절벽을 이루고 있어서 도저히 기어오를 수 없다. 다만 서쪽 편만이 낮은 지세로 배들의 드나듦이 자유로웠다.
　조음섬 서쪽으로 바다가 열려 있다. 이런 요새가 이 세상 어디에 있을까?
　당나라의 해안을 살펴봤지만 이만한 자연 요새는 없었다.
　장좌리 옆의 죽청리 지역에 조그만 만이 있었다. 삼 면이 육지에 닿아 쏙 들어간 작은 바다, 그 곳이 배 만드는 조선소로 아주 적합했다.
　장보고는 당나라 초주에서 배 만드는 조선소에 가 본 일이 있다. 꼭 죽청리의 만과 같은 지형이었다.
　배를 만들자면 파도가 직접 밀려오는 바닷가는 알맞지 않다. 쏙 들어간 바다, 만은 항상 물결이 잔잔하다. 웬만한 센 바람이 불어도 파도가 크게 치지 않는다. 또 배 수리도 해야 하기 때문에 아주 좋은 장소라고 여겼다.

당나라로 가는 장삿배 편에 초주에 있는 신라방에 연락을 했다. 초주 신라방에는 배 만드는 신라 사람 기술자가 많았다.

'군사가 타고 다닐 병선과 당나라, 일본으로 장사를 하는 무역선을 만들자면 시간이 얼마나 걸릴까?'

장보고는 한시가 급했다. 빨리 많은 배를 만들고 싶었다. 그러나 마음만 바빴지, 모든 게 시간이 많이 필요했다.

'적어도 병선 열 척은 크게 만들어야지. 갑판 위에서 말을 달릴 수 있을 만큼 커야지.'

장보고는 당나라의 병선인 누선을 생각했다. 누선은 갑판 위에 누각(갑판실)을 세운 배다. 누각이 있는 배인 셈이다.

바다를 장악하려면 이런 병선은 꼭 필요하다고 했다. 장보고는 당나라에서 관리들이 바다를 감시하는 관선을 타 봐서 그 쓰임을 잘 안다. 꼭 당나라의 병선을 본뜰 필요는 없다고 생각했다. 당나라 병선보다 더 우수한 배를 만들고 싶었다.

'장사할 무역선도 크게 만들어야겠어. 쌀 1천 석은 거뜬히 실을 수 있어야지.'

장보고는 머리에 배를 만들 설계도를 그리고 있었다. 겉모습을 병선 모양으로 만든 무역선을 생각했다.

'갑판 위에 누각(갑판실)을 세우면 해적들은 병선인 줄 알고 달

려들지 못하겠지.'

갑판 위에 누각이 세워진 병선에선 바다를 멀리 볼 수 있는 것이 장점이다. 갑판선실(누선)은 그만큼 해전에 유리한 배다.

'사선도 만들어야지.'

사선은 배 밑바닥이 평평한 배를 말한다. 장보고는 이 사선도 많이 타 봤다. 장보고는 이 사선을 타고 양자강 북쪽 바다의 연안을 돌아다녔다. 이 배는 황해 연안을 다니기에 적합한 배라고 할 수 있다. 이 배는 일찍부터 중국에서 만들어졌다. 진시황도 이 배를 타고 산동 반도 연안을 살핀 일이 있다고 한다.

이 배는 뱃머리(선수)와 배끝(선미) 부분이 뾰족하지 않고 평면을 이루고 있으며 돛대가 많은 것이 특징이다.

장보고는 당나라에서 많은 항해술을 익혔다. 배의 종류나 기능에 대해서도 훤히 알고 있었다.

다음으로 만들 배는 돛을 많이 다는 배였다. 바다를 항해하자면 천문 기상의 지식이 필요하다. 장보고는 그런 것도 익히 경험한 바 있다.

'당나라와 일본으로 마음대로 다니자면 곧잘 역풍을 이용해야 하거든.'

노를 젓는 것보다 바람을 이용하는 배가 훨씬 더 편리하다는 걸 아는 장보고다.

장보고는 세 가지 종류의 배를 만들도록 지시하였다. 신라 고유

장보고

의 배와 당나라 배를 혼합한 절충식 배를 만들었다. 만든 배는 그 성능이 당나라 배보다 뛰어나다고 생각했다. 배가 바다에 하나 둘씩 뜨기 시작했다.

조음섬 부근 바다엔 크고 작은 배가 돛을 달고 시험 항해를 했다. 배는 잘 나아갔다. 장보고는 흡족했다.

'오늘과 같은 날이 있으리라고는 꿈에도 생각 못 했지. 모든 일이 너무나 순풍에 돛단 듯 풀렸어.'

장보고는 고향에 그냥 있었더라면 지금은 한낱 초라한 어부밖에 되어 있지 않았을 것이라고 생각하니 감개가 무량했다.

'이제 이 청해진이 자리잡히면 수군을 이끌고 멀리 바다를 한 바퀴 돌아봐야겠어.'

이제 바다는 장보고 자신의 것이라는 생각이 들었다.

올망졸망한 산천(육지)은 서라벌 조정에 맡겨 두고 끝없는 푸른 바다는 장보고가 껴안아야 된다고 다짐했다.

장보고는 바다에 떠 있는 많은 배들을 보니까 마음이 든든했다.

얕은 바다 나루에 참나무 말뚝을 70센티미터 깊이로 두 줄씩 박아 울타리를 만들었다. 해적이나 왜구가 마음놓고 접근할 수 없게 했다.

다음은 장좌리와 조음섬 사이에 다리를 놓았다. 이곳은 바닷물이 꽉 차는 밀물일 때는 물 깊이가 1.5미터나 된다. 작은 배로 건너다녀야 했다. 그러나 바닷물이 빠져 나간 썰물일 때는 갯벌이 훤히 드러난다. 그때는 걸어서 다닐 수 있다.

　장보고는 장좌리의 군영에서 밀물일 때, 배를 타고 조음섬에 다녀야 하는 불편을 없애기 위해 이런 궁리를 해냈다.

　다리는 참나무로 두 줄 말뚝을 박고 그 위에다 세로로 기다란 참나무를 잇고, 촘촘히 가로로 참나무를 걸어 놓았다. 아주 훌륭한 나무다리였다. 밀물일 때도 이젠 배를 타고 다니지 않아도 됐다.

　조음섬은 장보고가 거처할 집이 있고 장좌리에는 군영을 두었기 때문에 이 다리가 아주 요긴하였다.

　장보고는 이 일이 끝나자 곧바로 성 쌓는 일에 착수하였다. 부장 이창진을 총감독으로 삼았다.

　우선 성문을 두 군데에 세웠다. 청해진 군영이 있는 장좌리에서 나무다리를 건너 조음섬 성 안으로 들어오는 곳에 정문을 두었다.

　또 하나는 북쪽 편의 선착장으로부터 올라오는 성벽에 문을 두었다. 두 문에는 망대도 세웠다. 이 문의 망루에서 바다를 살피면 물고기 한 마리가 헤엄치는 것도 훤히 살필 수 있었다.

　서북편 쪽으로부터 동남편 쪽으로 해안 절벽을 따라 성벽을 쌓았다. 돌로 쌓은 성보다는 못했지만 흙을 다졌기 때문에 아주 견고했다. 토성의 폭은 약 4미터, 높이는 약 2.4미터이다. 70도의 경사진 절벽을 기어오른다고 해도 성벽을 도저히 기어넘을 수는 없었다.

　조음섬의 섬 둘레는 758.5미터이고 넓이는 3만 8천 평방미터가 넘었다. 큰 성은 아니었지만 자연 지형을 이용하였기 때문에 큰 성

9. 청해진에 세워진 작은 왕국

보다 못하지는 않았다.

　죽청리의 한들에도 흙으로 토성을 쌓았다. 죽청리는 장좌리 옆에 있다. 이곳에 들이 꽤나 넓게 펼쳐져 있는데 이 들을 한들 평야라고 한다. 많은 군사의 양식은 이 들에서 나는 곡식으로 충당했다. 이 들은 넓이가 2만 9천 8백 9십 평이나 된다. 그래서 이 들을 매우 중요시했다.

　또 죽청리엔 청해정이란 우물을 파 군사의 식수로 삼았을 뿐만 아니라 죽청리에다 활쏘기 터를 만들어 군사를 조련하였다.

　한들 평야에서 나는 곡식은 청해진 식구의 양식이 되고도 남았다. 그런데 그릇이 필요했다. 우선 나무를 깎아 만든 목기를 사용하고 있었다. 월주에서 들여 온 도자기 그릇을 보고 장보고는 감탄했다. 빛깔이 푸르스름하고 모양도 좋았다.

　장보고는 당나라 월주에 사람을 보내어 그릇 굽는 신라방 도공을 데려 왔다.

　도공을 데리고 그릇 굽는 가마터를 잡으러 여러 곳으로 다녔다.

　좋은 도자기는 흙이 아주 중요한 구실을 한다고 도공은 말했다.

　"월주에서 나는 흙과 비슷한 흙이 있는 곳을 찾으면 됩니다."

　도공의 말을 따라 도자기 굽기에 알맞은 터를 찾아보도록 병사를 시켰다. 강진군 대구면 용운리에 가마터를 잡았다.

　이 곳 흙은 고령토다. 비색 청자 빛깔을 내는 데 가장 알맞은 흙이다. 또 유약으로 쓰이는 장석, 규석 따위가 풍부하게 매장되어 있

장보고

는 곳이기도 하다.

이곳에서 구워진 도자기는 청해진에서 사용하고 남은 그릇들은 서라벌 귀족들에게 팔기도 하고 조정에 그냥 보내기도 했다.

이때부터 도자기가 발달하기 시작했다. 지금까지는 당나라의 월주에서 수입하여 썼다.

가리포(지금의 완도읍 군내리)에도 성을 쌓았다. 이 성은 돌로 쌓여졌다. 이 산성의 망대에서 보면 동쪽으로 고금도, 조약도, 신지도, 생일도는 물론 멀리 강진 대구면 일대와 서쪽으로 진도, 독거군도, 뫼모군도, 남쪽의 청산도, 소안군도, 북제주군의 추자군도가 한눈에 들어온다.

멀리서 조음섬으로 들어오는 배를 여기서 다 알아낼 수 있다. 가리포성은 조음섬의 바깥 초소 역할을 했다.

가리포성의 망대는 세 개였다. 성 남쪽은 능선이 병풍처럼 둘러져 있기 때문에 서, 남, 동쪽에 있는 세 봉우리에 망대를 세웠다.

또 조음섬성 안의 중심 지역인 정상에 사당을 세웠다.

사당 서남쪽 조금 밑에는 장보고가 거처하는 저택과 창고가 세워졌다.

사당 건물은 정면 3칸, 옆면 1칸의 맞배 지붕으로 지었다.

조음섬성 동남쪽엔 장대(지휘하는 장수가 올라서서 명령하던, 돌로 높이 쌓은 곳)도 세웠다. 이 장대는 성 안을 통제할 수 있게 높이 세웠다. 장대에 올라서면 성 주위의 해상에서 공격하는 적의 움직임을 좀더 확실히 한눈에 바라볼 수 있다. 이 장대는 주로 장보고가 성 안을 통제하기 위하여 쓰고 있었다.

조음섬은 탄탄한 요새로 조금도 부족함이 없었다.

각종 무기를 사용하여 성을 공격할 때는 우선 성 밖의 방어 시설을 잘 구축하여야 한다. 통나무 울타리를 서편 갯펄에 설치한 것도 방어를 위함이었다.

만일 성 밖의 방어 시설을 통과하여 성 안으로 적이 들어오면 치열한 백병전(칼·총검 등을 휘두르며 양편이 뒤섞여 싸우는 접근전)이 전개될 것이다. 적은 또 성 안을 샅샅이 내려다볼 수 있는 장대를 공격할 것이다. 총지휘관이 장대에서 지휘하기 때문이다. 장대가 완전히 점령되어야 성이 완전히 함락되는 것이다.

성 안에서 가장 낮은 위치인 정문과 물이 나가는 구멍이 있는 곳은 적에게 가장 함락되기 쉬운 곳이다. 장보고는 이곳에 돌무더기를 쌓고 못도 팠다. 적의 공격을 막기 위해서이다.

장보고는 정말 훌륭한 군사 전략가이기도 하였다. 이처럼 물샐틈없이 진지(성)를 구축하였다.

장보고는 다 만든 배에 군사를 싣고 해상 훈련을 실시했다. 먼저 배에서 화살을 쏘는 훈련, 가상으로 적의 배를 정하고 적의 깃발이 꽂힌 배에 올라가 적과 맞싸우는 검술, 창술 훈련, 그 밖에 뱃머리를 바람따라 돌리는 훈련, 역풍, 순풍에 따라 돛을 올리는 훈련 등 훈련의 종류는 가지가지였다. 배에서 물로 뛰어들어 몇 분씩 물 속

을 자맥질하는 훈련도 빼지 않았다.

장보고는 병사들에게 자맥질 훈련을 시킬 때마다 정연이 생각이 더 났다.

'정연은 지금쯤 무얼하고 있을까?'

훈련 중 휴식 시간이면 당나라 쪽 바다를 바라보며 정연을 그리워했다.

"자, 이제부터는 먼 바다로 나가 배의 방향을 잡는 훈련을 한다."

군사들은 장보고의 명령에 기꺼이 따랐다. 먼 바다에 나가 군사들에게 바닷길을 익히게 하기 위해서다.

장보고가 이끄는 수군은 추자도 근처 바다까지 왔다.

"저기 보이는 섬이 있지. 저건 추자도이고, 저 멀리 까마득히 보이는 섬은 흑산도이다. 우리는 청해진에서 멀리 와 있다. 지금부터 조음섬이라 부르지 않고 청해진이라 부른다. 이제 군영으로서 갖출 것은 다 갖추었다. 우리가 이렇게 훈련을 하는 것도 우리의 바다와 청해진을 지키기 위함이다."

군사들은 장보고의 말을 들으면서 망망 대해를 눈여겨 바라봤다.

"이곳 물길을 잘 살펴라. 바닷물은 하루에 두 번씩 밀물, 썰물이 일어난다. 그것은 청해진에서 많이 보아온 바와 같다. 남해에서는 동·서로, 황해에서는 서북, 동남으로 흐르는 조류(밀물과 썰물의 흐름)는 해안에 가까울수록 그 간만의 차가 심하고 멀어질수록 줄어든다. 섬에 부딪칠 지점에 오면 조류는 방향을 바꾼다.

배는 이 조류의 흐름을 알고 부려야 한다."

장보고는 조류의 흐름도 항해의 영향을 받음을 설명했다.

"흑산도나 추자군도 연안에서 먼 곳의 조류는 보통 1시간에 20리를 가는 속력이지만 남해의 섬 가까이 오면 50리나 달리는 빠른 속력이 된다. 돛단배는 이 조류를 타야 한다."

장보고는 바다의 지식에도 남달리 밝았다.

"지금 우리가 있는 깊은 바다 밑은 마치 강물처럼 흐르는 해류가 있다. 이 해류의 속도도 여간 빠르지 않다. 이 해류의 흐름을 알고 항해해야 한다. 해류의 흐르는 길은 곳에 따라 다르다. 그 해류의 물길을 자세히 알아야 항해 사고를 줄일 수 있다."

군사들은 귀기울여 들었다.

"지금 바람이 어디서 부는가?"

장보고가 군사들에게 물었다. 군사들은 얼른 대답을 못 했다. 바다 한복판에서 방향을 가늠하기엔 아직 경험이 없는 군사들이었다.

"북서풍이다. 이 바람은 당나라 초주 지방 연안에서 불어오는 바람이다. 역풍돛을 올려라."

군사들은 장보고를 바다 귀신이라고 혀를 내둘렀다. 바다에 관해서는 정말 모르는 게 없다고 생각했다. 군사들은 한층 더 장보고를 우러러 보았다.

장보고는 바람은 계절에 따라 다르다는 것도 설명했다.

오뉴월에 청해진 앞바다에서 배를 띄우면 마냥 황해도 쪽으로 흘러간다. 배가 제주 앞바다의 흑조대로 잘못 들어서면 당나라의 절강성 쪽으로 흘러가기도 한다.

북서풍이 부는 계절에 양자강을 향하면 순풍에 돛을 단 셈이다. 이런 지식을 알아야 배를 잘 몰 수 있다.

병사들은 밀물, 썰물의 변화, 대륙에 가로막힌 황해의 소용돌이(해류), 계절풍의 방향 등 무궁무진한 바다의 다채로운 모습에 대해 자세히 들었다.

"뱃길을 자신 있게 운항할 수 있으려면 이런 지식을 많이 알아야 된다. 앞으로도 이런 원양 훈련을 자주 할 것이다. 바다를 겁내면 훌륭한 수군이 될 수 없고 뱃사람이 될 수 없다. 오늘 훈련은 이것으로 끝낸다."

장보고의 배는 역풍돛을 달고 청해진을 향하여 앞장을 섰다. 그 뒤로 배들이 따랐다.

병사들의 마음엔 조금씩 바다에 대한 자신이 생겼다.

바다를 잘 아는 장군 밑에 바다를 잘 아는 병졸이 있게 마련이다. 청해진 병사들은 차츰 1등 뱃사람이 되고 수군이 되었다.

'앞으로 몇 해 동안 청해진에서 버티고 있노라면 서라벌의 진골 귀족들도 여기로 눈을 돌리겠지.'

이제 장보고는 힘이 있었다. 그 힘은 무언가? 그것은 1만 명의 병사이다. 이들은 바다와 육지에서 훈련받은 병사들이다. 서라벌의 관군보다 더 강하다고 할 수 있다.

많은 젊은이들이 청해진 부근, 아니 그보다 더 먼 곳에서도 장보고의 병사가 되고자 지원해 오곤 한다.

병사가 늘고 훈련은 자주 하고, 거기에 드는 비용, 양식, 옷들을 관리하자면 밑에 부장이 필요했다.

장보고는 그게 걱정이었다.

'내가 당나라에서 떠나올 때, 정연을 억지로라도 끌고 왔어야 했는데.'

장보고는 후회가 되었다. 지금은 모든 일을 믿고 맡길 만한 심복이 없었다.

장삿배들이 하나 둘씩 청해진으로 모여들기 시작했다. 장보고가 이끄는 수군이 황해 연안을 돌아다니며 해적들을 소탕했다. 해적이 신라의 해안에서 완전히 사라지게 되었다. 그러니 장삿배들이 마음 놓고 바다를 다녔고 청해진에 꼭 들르게 되었다.

청해진의 이름은 당나라와 일본에까지 널리 알려지게 되었다.

10. 국제 무역항으로 바뀐 청해진

　장보고는 청해진에도 적산포의 법화원 같은 절을 짓고 싶었다. 갑자기 이런 생각을 한 건 아니었다. 청해진 대사가 되어 돌아왔을 때부터 세운 계획이었다. 고향 섬마을 사람들을 위해 절을 짓고자 했다. 오로지 섬마을, 아니 청해진 사람들의 마음을 의지하는 터전으로 만들고 싶었다.

　'절 이름을 무어라고 지을까? 그렇지. 법화사라고 해야겠어.'

　장보고는 적산포의 법화원을 잊지 못했다. 그대로 그 이름을 따고 싶었다.

　절 짓는 일이 시작되었다. 절 터는 장좌리의 뒷산 상왕봉 남쪽 기슭으로 잡았다. 절 터를 널찍하게 잡았다. 약 1천 5백 평 정도로 꽤나 넓었다. 적산포의 법화원 모습 그대로 세우기로 하였다.

　장보고는 절을 짓는 데 하루에도 몇 번씩 들러 살폈다.

　법화사가 세워지자 스님을 모셔 왔다.

　부처님을 받들어 모시려 하는 청해진과 부근의 신도들의 정성은 지극했다. 장보고의 마음도 기뻤다.

장보고와 청해진, 그 밖의 섬사람들은 한마음, 한몸이 되었다. 모두 장보고를 하늘같이 떠받들고 따랐다.

'부처님의 자비와 은혜는 중생들에게 골고루 퍼져야지.'

장보고는 적산포의 법화원에서 스님께 들은 설법을 지금도 기억하고 있었다.

바다를 다스리는 일이나, 교역을 하여 돈을 버는 일이나, 절을 세워 불법을 펼치는 일이 다 중생을 위하는 길이라 여겼다. 결코 장보고 자신을 위한 일은 아니라고 여겼다.

"대사님, 명주로 가는 배를 출항시킬까요?"

"그러려무나, 항해에 대한 주의할 점을 잘 이야기하고 출항시켜야 한다."

장보고는 배가 항해할 때는 꼭 해난 사고에 대해 교육을 시키곤 했다.

청해진의 서편과 남해안은 폭 30~40미터 정도의 갯벌을 이루고 있다. 배가 닿거나 짐을 부리고 내리는 일이 힘들다. 밀물 때, 물 깊이가 겨우 1.5미터밖에 안 된다. 큰 배를 댈 수 없다. 배를 댈 수 있는 곳은 북편이 제일 좋은 지형이다.

장보고는 배를 대는 선착장을 북편 절벽 밑으로 만들었다.

"지금은 물이 찼겠군. 배를 띄우게 하라."

장보고의 명령에 따라 배가 돛을 달고 청해진을 빠져 나갔다.

'배를 타고 가는 사람은 만조(밀물) 때를 이용해 항해하고, 걸어

가는 사람은 간조 때를 이용해 걸어가라.'

예부터 바닷가엔 이런 말이 전해 오고 있다. 밀물과 썰물을 잘 이용하여 항해하라는 말이다.

명주로 가는 뱃길은 추자도를 비껴 제주 앞바다로 가서 비스듬히 황해를 가로지른다. 청해진에서 가장 빠른 뱃길이다. 청해진을 벗어나면 검은 띠(흑조대)의 해류를 만난다. 이곳에서 당나라 명주로 가는 방향과 일본으로 가는 방향이 엇갈린다. 지금까지 일본으로 가는 항해는 청해진 사람들에겐 식은 죽먹기나 다름없이 쉬웠다. 그러나 명주로 가는 뱃길은 장보고가 청해진 대사로 있으면서 개척하였다.

청해진 사람들은 계절풍의 풍향 변화와 밀물, 썰물의 변화, 해류 및 조류의 맥과 흐름 등을 꿰뚫어 보고 있었다.

지금 명주로 떠나는 배엔 금, 은, 동, 금속 공예품(귀걸이, 목걸이, 팔찌, 반지), 구리로 만든 제품, 옷감, 약재, 향유 등을 실었다.

이 배가 명주에 가서 공예품, 보석, 도자기, 차, 서적, 비단 등 중동 아시아의 귀중품을 싣고 온다.

명주는 중동 아시아, 신라, 일본의 배들이 끊이지 않고 왕래하는 국제 무역항이었다.

청해진도 점차 국제 무역항으로 탈바꿈해 가고 있었다. 청해진 앞바다는 크고 작은 배들로 메워져 있었다. 당나라의 명주, 적산포, 사주, 또 일본으로 떠나고 들어오는 배들이 부쩍 늘었다.

일본의 벼슬아치들은 신라와 당나라의 값진 물건을 탐냈다. 앞다투어 청해진에 배를 가만히 보내어 물건을 구하려고 안간힘을 썼다. 어떤 벼슬아치들은 이런 물건을 사느라고 재산을 날린 일도 많았다.

청해진 앞바다엔 배를 댈 자리가 모자랐다. 장보고는 다시 조그마한 섬에도 배가 들어가도록 선착장을 만들었다. 흙을 메우고 돌을 쌓고 굵은 통나무로 언덕 밑 깊이 둘러 막아 배가 닿기엔 불편이 없었다.

'그래, 청해진에 자리잡은 지 삼 년이 되었으니 이젠 번창할 때가 되었지.'

장보고는 이렇게 오늘의 청해진이 된 걸 몹시 기뻐하였다.

"장군님, 서라벌에서 왕자 일행이 도착하였습니다."

"어서 이리 모시도록 하여라."

흥덕왕의 왕자 능유는 스님 아홉 명을 데리고 당나라에 조공을 바치러 가는 길이었다.

서기 831년, 흥덕왕 6년 3월이었다. 왕자 일행은 울주에서 배를 타고 남해를 거쳐 청해진에 이르렀다.

신라는 이 때 일 년에 한 번씩 당나라에 조공을 바치고 있었다. 삼국을 통일할 때 당나라가 도와 준 고마움의 표시로 예물을 바치고 인사를 드렸다. 이렇게 조공을 바치러 타고 가는 배를 조공선이라 한다.

이젠 서라벌 조정에서도 청해진을 중하게 여겼다. 아니 청해진 대사 장보고를 중히 여긴 것이다. 그래서 왕자 및 사신을 청해진에서 묵게 했고 꼭 들르게 했다.
 청해진이 육지의 다른 도독부보다 더 관심을 끌게 했다. 이것은 곧 청해진 대사 장보고의 막강한 힘이었다. 그런 힘이 서라벌 조정에까지 뻗치고 있으니 기쁘지 않을 수 없었다.
 장보고는 왕자 일행을 극진히 대접하고, 며칠 후 당나라로 보냈다. 덕물도까지 왕자 일행을 호위하고 돌아왔다.
 장보고는 부장을 불렀다. 부장은 이창진이었다.
 "일본과 교역을 해 보는 것이 어떨까?"
 불쑥 내미는 장보고의 말에 이창진은 어리둥절하였다.
 "내가 벌써부터 생각한 일인데, 내가 십 여 년 전 일본에 다녀온 일이 있는데 일본과 교역을 하면 좋을 것 같아."
 "그렇긴 합니다만……."
 "부장이 직접 갔다 오지. 그곳 사정을 살펴보고……."
 장보고는 이창진의 생각도 묻지 않고 명령하다시피 말했다.
 장보고는 회역사(장보고가 일본에 보낸 개인적인 무역 사절임)로 부장 이창진을 일본으로 보냈다.
 당나라의 항주나 명주를 출발하여 적산포를 거쳐 오는 물건은 많았다. 주로 당나라에서 만든 것들이었지만 아라비아 상인들이 당나라에 가져온 물건들도 적지 않았다. 신라에서 그 많은 물건을 다 처분하기는 어려웠다.

일본과의 장삿길만 열린다면 아무런 걱정이 없을 것 같았다. 일본의 벼슬아치들은 당나라 물건이라면 무턱대고 샀다. 부르는 게 값이었다. 먼저 가지려고 다투어 탐냈다.

한 달 뒤에 일본에 갔던 부장 이창진이 돌아왔다.

"일본의 태재부에서는 외국 물건을 사지 말라는 명령이 내려 있었습니다. 그러나 권세 있는 벼슬아치들이 몰래 사고 있었습니다. 물건을 싣고 낮에 가면 사지 않는다고 머리를 흔들었습니다. 그런데 해가 지고 어두컴컴하면 슬금슬금 몰려와 물건을 사 갔습니다. 잠깐 사이에 물건이 바닥났습니다."

이창진의 보고에 장보고는 기뻐서 크게 웃었다.

"겉으로는 금지시키고, 안으로는 눈감아 주는군 그래. 그러면 정식 교역은 아니지만 실제로 교역은 트인 셈이군."

그건 태재부에서 교역을 해도 좋다는 허락으로 여겨졌다.

"또 언제 오느냐고 물었습니다. 물건을 손꼽아 기다리는 눈치였습니다."

"자주 다녀야지."

"거기에서도 대사님의 이름이 유명했습니다."

"그래……."

장보고는 그 말도 싫지 않았다. 이렇게 해서 장보고의 무역선은 비공식으로 일본도 자주 왕래하게 되었다.

서기 831년, 흥덕왕 6년 8월이었다.

당나라로 간 능유 왕자 일행이 돌아오는 달이었다. 팔월이 거의 다 가도록 돌아온다는 소식이 없었다.

왕자 일행이 탄 조공선이 돌아온다면 며칠 전에 알 수 있다. 바다를 지키는 배에서 미리 연락을 주게 되어 있었다. 그런데 감감 소식이었다.

"대사님! 배가 들어옵니다."

장보고는 장대에 올라 바다를 살폈다. 당나라에서 오는 배였다.

"대사님, 슬픈 소식을 알려드려서 죄송합니다."

장보고는 마음 속에 짚이는 것이 있었다.

"슬픈 소식이라니?"

"당나라에 조공을 바치고 돌아오던 왕자 일행이 탄 배가 풍랑을 만나 바닷속에 가라앉았습니다."

"왕자가 구조되지 못했단 말이냐?"

"그렇다 합니다."

참으로 어두운 소식이었다. 당나라에서 온 장사치가 알려 준 소식은 신라의 하늘을 어두운 구름으로 덮이게 했다.

바다에서 풍랑을 만나 사고를 당하는 일은 가끔 있었다. 그러나 왕자가 탄 배가 그런 일을 당하다니 참으로 놀랍고 슬펐다.

장보고는 이 소식을 빨리 서라벌에 알렸다. 그리고 왕자의 넋을 위로하는 해신제를 지냈다.

장보고는 마음이 무거웠다. 바람을 쐬고 싶었다. 그러면 마음이 가벼워질 것같았다.

"어디로 배를 몰까요?"

장보고가 배에 오르자 이창진 부장이 물었다.

"그냥 바다 한복판으로 나가 보자."

장보고는 아무 데고 가고 싶었다. 청해진에 자리잡은 뒤로는 가까운 섬들만 자주 돌아다녔다. 훤히 트인 넓은 바다에 나가면 마음도 탁 트일 것 같았다. 넓은 바다에 나가니 며칠 동안 무겁게 가라앉았던 마음이 싹 가셨다.

남쪽으로 탐라도(제주도)가 가물가물 보였다.

'그렇다, 저 탐라도에도 절을 세워야지. 이름도 법화사라 하고.'

탐라도를 생각하니까 절 세울 생각이 들었다.

'험한 뱃길을 다녀와 여기에 쉬면서 부처님의 은덕을 비는 안식처로 삼아야지.'

장보고는 넓은 바다를 한 바퀴 돌고 청해진으로 돌아왔다.

탐라(현 서귀포시 대포동 나루)에 터를 닦고 목공들을 보내어 절을 짓게 하였다. 이름도 법화사라 하였다.

이 절은 육지나 청해진, 황해를 건너 당나라의 명주, 항주, 초주를 왕복할 때 들러 휴식을 취하기 위해 세운 것이다.

탐라의 법화사도 적산포의 법화원이나 청해진의 법화사처럼 붐볐다. 당시 탐라를 거쳐 가는 뱃길도 중요한 역할을 하고 있었기 때문이었다.

청해진은 다시 활기를 띠기 시작했다. 배들은 여전히 청해진에 들어오고 나가곤 하였다.

서기 836년 봄날이었다. 흥덕왕의 왕자 의종 일행이 청해진에 들렀다. 당나라에 조공사로 가는 길이었다.

"장 대사, 대왕 마마께서 아주 기뻐하십니다. 장 대사가 청해진을 지키고 있으니 마음이 든든하다고 하셨습니다."

의종 왕자는 첫 인사로 장보고를 칭찬하였다.

"대아찬 우징께서도 대사님께 안부를 전하셨습니다."

우징은 시중으로 있다가 김명에게 시중 자리를 넘기고 쉬고 있던 참이었다. 아버지 균정이 상대등이 되자, 아들까지 시중의 자리에 있는 것이 거북스럽다는 생각에서 물러났었다.

"다 대왕 마마의 크나큰 성은을 입었기 때문입니다."

장보고는 왕자의 일행을 편안히 묵게 하고 극진히 대접했다.

서라벌 조정에서는 정말 장보고를 업신여길 수 없었다. 왕이나 우징은 비로소 장보고가 청해진을 맡겨 달라는 뜻을 짐작할 수 있었다. 더구나 장보고는 무역 활동을 통하여 많은 재력을 확보하고 있었을 뿐 아니라, 그 휘하의 군사력도 점점 강해지고 있었기 때문에 진골 귀족 못지 않은 대우를 받았다.

장보고는 왕자에게 차를 권했다.

"차 향기가 매우 좋군요. 어디서 난 차인가요?"

"예, 지리산에서 키운 차이지요. 몇 년 전 당나라에 갔던 사신이 돌아오면서 가지고 온 차 씨앗을 조금 얻어 지리산에 심었지요. 향기가 아주 그윽합니다."

왕자는 머리를 끄덕이며 차를 맛있게 마셨다. 차는 반세기 전인 선덕왕 때부터 있었지만 흥덕왕 때 지리산에 씨앗을 뿌리면서부터 신라에서 본격적으로 유행하였다.

"이번엔 저의 무역선이 뱃길을 안내하겠사옵니다. 전번 능유 왕자님의 사고는 제가 잘 살피지 못한 탓이옵니다. 그 허물이 매우 크다는 걸 알고 있사옵니다."

"무슨 그런 말씀을 하시오. 형님의 죽음은 어쩔 수 없는 바다의 재난 때문입니다. 그런 생각은 조금도 마십시오. 어쨌든 저를 생각해 주시니 감사하기 그지없습니다."

"황공하옵니다."

장보고는 머리를 조아려 말했다. 의종 왕자 일행이 당나라를 향해 출발했다. 장보고는 왕자가 당나라에서 돌아올 때까지 호위하고 뱃길 안내를 하도록 했다.

의종 왕자는 청해진에서 사흘이나 묵었다.

장보고는 직접 장군선에 올라 앞서서 왕자의 배를 덕물도까지 안내했다.

"여기서부터 곧바로 항해하시면 적산포에 닿사옵니다. 안심하고 다녀오십시오."

장보고는 왕자에게 작별 인사를 하고 청해진을 향해 돌아섰다. 왕자 일행이 임무를 마치고 무사히 돌아오기를 진심으로 빌었다.

"대사님, 초주에서 출항한 배가 들어왔습니다. 연수향에서 온 사람들도 타고 있다 합니다."

"뭐라고! 연수향에서 온 배라구!"

장보고는 무엇에 놀란 사람처럼 문을 박차고 나갔다.

왜 그랬을까?

연수향에서 배가 들어올 때면 장보고는 항상 가슴을 졸였다. 연수향 하면 먼저 정연이 머리에 떠오르기 때문이다. 연수향은 또 장보고의 제2의 고향이기도 하였다. 정말 그리운 이름이다. 정연과 당나라에서 뿌리를 내렸던 곳이다.

'어쩌면 정연이 돌아왔는지도 모른다.'

장보고는 허둥지둥 선착장으로 나갔다. 선착장엔 연수향에서 싣고 온 물건을 내리고 있었다. 장사꾼도 배에서 내리고 있었다.

그러나 기다리는 정연의 모습은 눈에 띄지 않았다. 정연의 안부를 묻고 싶었으나 그냥 발길을 돌렸다.

'야속한 사람. 편지나 한 통 전할 일이지.'

장보고는 정말 정연이 그리웠다. 보고 싶었다.

'무얼 하고 있을까? 지금은 잘 살고 있겠지.'

장보고는 성 안의 장대에 올라가 먼 바다를 바라보면서 정연을 그리워했다.

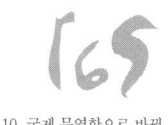

바다에는 수많은 배가 떠 있었다.
'혼자 힘으로 청해진을 다스리기에는 벅차…….'
장보고는 다음에 초주 연수향으로 떠나는 배가 있으면 정연에게 편지를 써서 보내리라 마음먹었다.
바다는 잔잔했다. 햇빛에 반짝여 마치 고기 비늘이 번쩍이는 듯했다. 바다는 말이 없었다. 장보고의 이런 안타까운 마음을 정연에게 전해 주었으면 좋겠는데 잔잔한 파도만 일고 있었다.
정연은 연수향에서 하릴없이 나날을 보내고 있었다. 그 때 신라에서 의종 왕자 일행이 조공사로 당나라에 왔다는 소식을 적산포에 갔다 온 신라방 사람들에게 들었다.
"청해진에서 왕자 일행이 장보고 대사의 대접을 융숭히 받았다고 하더군요."
정연은 깜짝 놀랐다.
'왕자가 장보고의 대접을 융숭히 받았다구!'
정연은 소식을 전해 주는 신라방 사람의 얼굴을 쳐다봤다. 정연은 들어서는 안 될 소식을 들은 것 같았다. 이미 잊어버린 지 오래된 사람 아닌가. 장보고가 신라에서 무슨 벼슬을 하건 알 바가 아니었다.
그러나 장보고의 이름을 들으니 가슴이 뛰기 시작했다. 장보고를 잊고 있었다는 건 거짓말이었다. 그저 잊으려고 애썼을 뿐이었다.
"장보고가 서라벌에서 벼슬을 하지 않고 청해진이란 어느 섬에서 대사 벼슬을 한답디다."
"청해진이라구요?"
청해진은 뭐고, 섬은 또 무슨 말인가.
'서라벌 조정에서 큰 벼슬을 할 줄 알았는데.'
정연은 고개를 갸웃거렸다. 청해진이라는 군사 기지는 처음 듣는 이름이었다.
"청해진이란 곳은 당나라나 왜나라에서 오는 배들이 꼭 드나드는 아주 유명한 곳이래요."
정연은 그 말에 짚이는 데가 있었다.
'고향 완도가 아닐까? 장보고가 중심이 되어 군사 기지인 진(鎭)을 설치했다면 그곳일 가능성이 제일 크다.'
그런데 그런 조그마한 섬에 장보고는 무슨 할 일이 있다고 대사라는 벼슬을 하고 있을까? 정연은 그렇게 생각하니 그것도 아닐 것 같았다.
'아니야, 청해진은 그곳이 틀림없어.'
정연은 다시 이렇게 생각했다. 당나라와 일본의 배가 꼭 들렀다가 간다면 완도밖에 없을 것 같았다. 갑자기 고향으로 돌아가고 싶은 생각이 불쑥 솟았다.
정연은 연수향을 지키는 장수 풍원규에게로 가서 답답한 마음을 털어놓았다.
풍원규는 초라하게 살고 있던 정연의 재주를 아껴 가끔 생활비를 보태 주었다.

"장군님, 저는 고향으로 돌아가고 싶습니다."

"자네와 장보고는 늘 경쟁하던 사이였는데 무엇으로 장보고를 믿는가? 그는 지금 신라 청해진에서 막강한 권세를 누리고 있다네. 자네가 돌아가면 자기의 권세를 빼앗으려 온 것으로 알 것이야. 스스로 장보고의 손에 죽으려고 하는가?"

풍원규가 의아한 눈으로 정연을 바라봤다.

"저도 여러 가지 생각들을 많이 해보았습니다. 그래도 여기서 초라하게 생활하다가 결국은 굶주려 죽느니보다 차라리 고향에 가서 죽는 게 좋지 않습니까?"

"뜻이 정 그렇다면 고국으로 돌아가게나."

풍원규는 정연에게 얼마의 여비를 주었다.

"적산포에서 배가 들어왔습니다."

밖에서 병사가 소리쳤다. 장보고는 적산포에서 배가 들어올 때마다 자기도 모르게 벌떡 일어나 선착장으로 뛰어나가곤 했다.

장보고는 문을 박차고 선착장으로 나갔다.

'정연이구나!'

장보고는 한눈에 알아볼 수 있었다. 혼자 배에서 내려 터벅터벅 걸어오는 모습이 낯이 익었다.

장보고는 뛰어갔다.

"정연아!"

정말 꿈같은 일이었다. 장보고는 정연을 얼싸안았다. 헤어진 지 벌써 십 여 년이 지났다. 한참이나 얼싸안고 눈물만 흘렸다.

"잘 왔다. 내가 너를 얼마나 기다렸는지 알아?"

장보고는 정연의 손을 잡고 성 안으로 들어갔다. 정연과 함께 장대로 올라갔다.

섬과 바다가 한눈에 들어왔다. 정연의 눈이 휘둥그레졌다. 바다도 옛날 바다가 아니었다. 수많은 배가 드나들었다. 고향 마을 장좌리를 비롯하여 부근의 죽청리, 청비리에는 무수한 집들이 들어서 있었다. 둘이 잠수해서 건너갔다 오곤 하던 조음섬도 성으로 둘러싸여 있었다. 십 년이면 강산도 변한다더니 정말 그랬다. 정연은 벌어진 입을 다물 줄 몰랐다.

그 날 저녁, 장보고는 큰 잔치를 벌였다.

"정연아, 여기서 내가 하는 일을 도와 다오."

잔치가 파하고 관아로 돌아온 장보고는 정연의 손을 덥썩 잡고 애원하였다.

"내가 뭘 안다고······."

정연은 말끝을 흐렸다.

"이것 저것 따질 것 없어. 그렇게 하는 거야. 너는 오늘부터 이곳의 총부장이야. 부장이 하나 있지만 너는 그 부장 위의 자리야."

정연은 할 수 없이 머리를 끄덕였다. 고국으로 돌아올 때, 맹세하지 않았는가. 무엇이든지 장보고와 함께 일하겠다고.

장보고는 이튿날부터 정연을 데리고 다니며 이것 저것 가르쳐 주었다.

정연은 조금씩 청해진의 사정을 알 수 있었다. 조금만 있으면 자세히 청해진의 살림을 파악할 수 있을 것 같았다.

장보고는 청해진의 모든 살림은 정연에게 맡기고 바깥 일만 맡아 보았다. 이제야 비로소 마음이 든든했다.

정연도 말없이 열심히 일했다. 창고, 조선소를 다니며 하나하나 점검했다. 죽청리의 한들 평야에도 나가 군사들이 농사 짓는 모습도 살폈다.

정연은 청해진의 살림이 너무도 엄청나서 속으로 감탄했다. 장보고가 정말 위대해 보였다.

정연은 배에 많은 관심을 쏟았다.

청비리의 조선소엘 자주 나다녔다. 배수리를 하는 곳에 가서는 하나하나 살폈다.

'배가 없으면 바다는 악마로 변한다. 배는 그만큼 소중하다.'

어떤 때는 직접 거들어 주기도 했다. 조선소에서는 배만 만드는 게 아니었다. 군선을 주로 수리했다. 배가 한번 바다에 나갔다 오면 풍랑에 돛대가 부러지고, 뱃전이 부서지기 일쑤였다.

그뿐이 아니었다. 당나라나 일본에서 들어오는 배들은 종종 청비리의 조선소에 들러 수리를 한다. 그러니 청비리의 조선소는 청해진에서 제일 붐볐다.

언젠가는 정연 자신도 군선을 몰고 바다로 나가고 싶었다. 그 동안 장보고에게서 해상에서의 전술을 듣고 익혀 보려고 했다.
 '바다를 거느리자면 바다를 알아야 한다. 장보고가 저리도 우뚝 선 건 바다에 대한 지식을 많이 가졌기 때문이야. 원래 물재주는 장보고보다 낫지 않았던가.'
 정연은 장보고만큼 해상왕이 되고 싶었다.

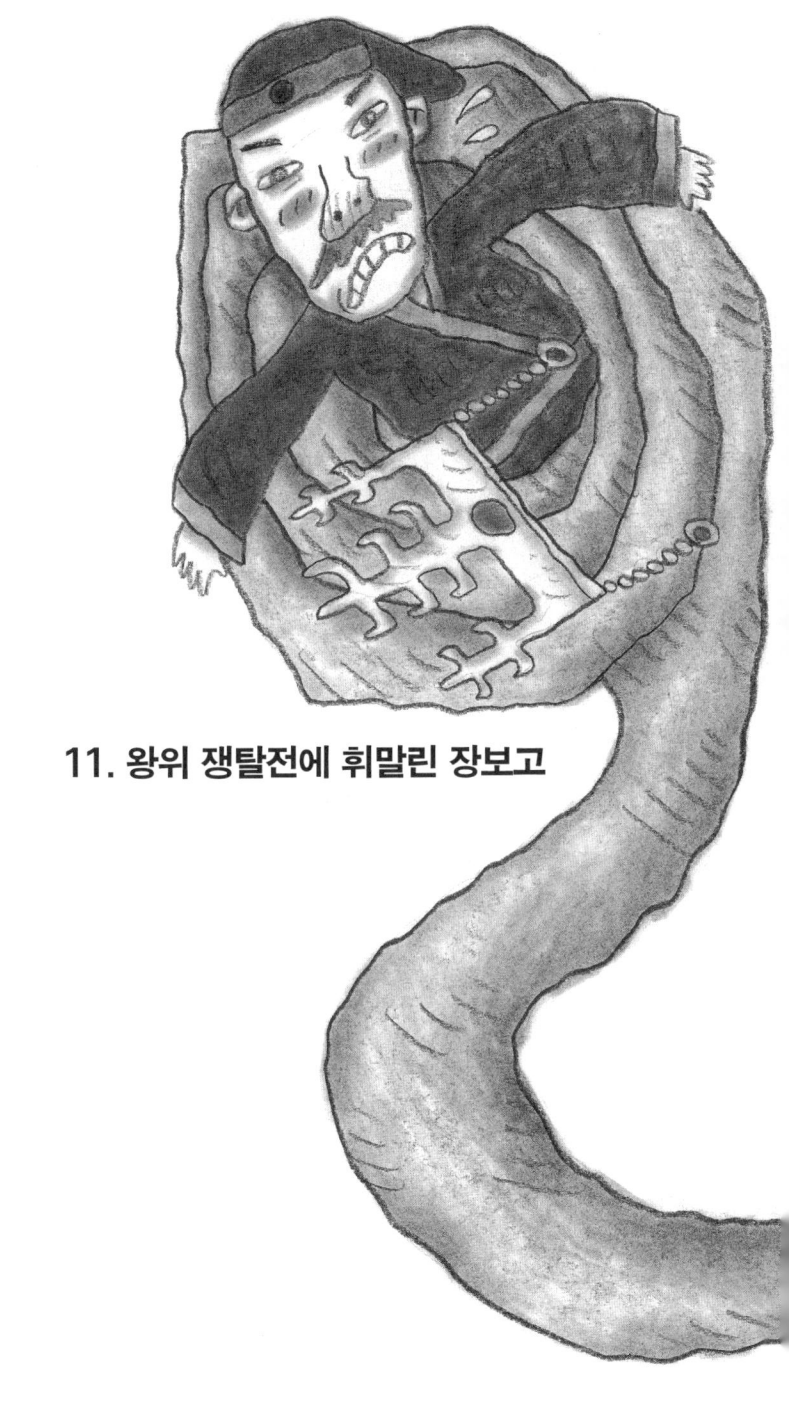

11. 왕위 쟁탈전에 휘말린 장보고

　42대 흥덕왕이 돌아가시자 왕위를 둘러싸고 정변이 일어났다는 소식이 청해진까지 들려 왔다. 서기 836년 음력 12월이었다.

　신라에서 신하가 왕을 죽이고 왕의 자리를 빼앗는 난리는 36대 혜공왕(서기 765년~780년) 때부터 연달아 일어났다.
　왕족과 귀족은 왕위 다툼으로 나날을 보냈다. 나라의 일을 돌보지 않으니 백성들이 잘 살 리가 없었다. 나라의 형편은 어지러워졌다. 굶주리고 헐벗은 백성들의 원망 소리는 곳곳마다 가득 찼다.
　혜공왕은 상대등 김양상에 의해 죽음을 당했다. 김양상이 왕위에 오르면서 37대 선덕왕이 되었다. 37대 선덕왕이 죽자 상대등 김경신이 스스로 왕위에 올라 38대 원성왕이 되었다. 이때부터 왕위는 왕자가 물려받는가 싶더니 상대등 김언승이 40대 애장왕을 죽이고 왕위에 올랐다. 애장왕은 김언승의 조카이다. 참으로 부도덕한 일이었다.
　귀족과 벼슬아치들은 놀이와 잔치로 세월을 보내었고, 백성들은 굶주림과 가난으로 세월을 보냈다.

　삼국 통일의 바탕이 된 씩씩하던 화랑도들도 타락해 버렸다. 술과 노래로 세월을 보냈다. 때로는 귀족들의 권력 쟁탈전에서 어느 편에 가담할까 눈치를 보기도 하였다. 세속 오계를 목숨처럼 지키던 기개는 사라진 지 오래였다.

　곳곳에 거지가 우글거리고 도적이 들끓었다. 처음에는 잠시 소란을 피우다가 농사철이 되면 곧 잠잠해졌으나 나중에는 계절을 가리지 않고 약탈을 일삼았다. 도적 떼의 대부분은 귀족이나 지방 세력가의 수탈을 견디다 못해 마을을 떠나 무리를 이룬 농민들이었다. 흉년이 자주 들면서 이들의 숫자는 점점 더 늘어만 갔다.

　그런데도 임금은 자리 지키기에만 바빴다. 나라를 바로잡으려는 임금은 없었다. 피를 흘려 왕위를 빼앗은 후에는 사치와 방탕으로 세월을 보낼 뿐이었다.

　이렇게 되니 신하들은 기회주의자가 되었다. 언제 임금이 바뀔지 불안했다. 잘못하다간 화가 자신에게까지 미칠지 몰라 눈치만 살피게 되었다.

　그러던 중 헌덕왕 14년인 서기 822년에 김헌창이 엄청난 규모로 반란을 일으켰다. 간신히 진압하기는 했지만, 헌덕왕 17년인 서기 825년에는 김헌창의 아들 김범문이 다시 난을 일으켰다. 그는 고달산(지금의 여주)의 산적들과 함께 북한산주(지금의 서울)를 공격하려다가 실패하여 잡혀 죽었다.

이렇듯 헌덕왕 때는 큼직한 사건들도 많았다.

그러던 헌덕왕이 돌아가자 동생인 김수종이 왕위에 오르니 이 사람이 바로 42대 흥덕왕이다. 장보고가 신라로 돌아온 때가 이 무렵이었다.

흥덕왕은 참으로 불운한 임금이었다. 왕자 능유가 당나라의 조공사로 갔다가 돌아오다 황해에서 풍랑을 만나 바다에 빠져 죽었다. 그 뒤부터 하루도 태평한 날이 없었다.

흥덕왕 7년인 서기 832년에는 봄철부터 비 한 방울 내리지 않고 내리 가물었다. 흥덕왕은 죄수를 풀어 주고 근신했다. 그 덕인지 8월에야 비가 내렸다. 그러나 비는 농사 짓는 데 아무 도움이 되지 못했다. 농사철이 지나서야 비가 왔기 때문이다.

흥덕왕 8년인 서기 833년 봄에는 굶주린 백성들이 무더기로 죽어갔다. 11월에 복숭아꽃, 살구꽃이 피어 사람들을 놀라게 했다. 겨울에 접어드는 계절에 꽃이 되었으니 이상한 징조라고 수군거렸다. 날씨가 이렇게 이상해지니 전염병이 나돌았다. 전염병에 백성들은 떼죽음을 당하였다.

그 이듬해 봄에 시중 윤분이가 물러나고 우징이 다시 그 자리에 앉았다. 우징은 장보고가 청해진 대사가 될 때 시중 자리에 있었으나 몇 년 뒤에 천재 지변이 자주 보이자 근신하는 뜻에서 자리에서 물러나 있었다.

그러다 서기 834년에 윤분 역시 천재 지변이 자주 나타난다는 이

유로 물러나자 우징이 다시 시중 자리에 올랐던 것이다.

　흥덕왕 11년 7월에 하늘의 별들이 제자리를 지키지 못하고 혜성이 동쪽으로 흘러갔다. 8월에는 태백성이 달을 침범했다 해서 불안해했다.

　흥덕왕이 세상을 뜬 후에 왕족끼리 왕위를 놓고 암투가 벌어지기 시작했다.

　왕자리를 탐내는 왕족 가운데 김균정의 세력이 가장 컸다. 균정은 시중 우징의 아버지다. 균정은 서기 835년(흥덕왕 10년) 봄에 상대등이 되었고 아버지가 상대등이 되어 우징이 시중 자리에서 물러났다.

　균정은 흥덕왕의 사촌 동생이고, 또 왕위를 노리는 제륭은 균정의 형인 김헌정의 아들로 흥덕왕의 오촌 조카이다. 핏줄로 따지면 모두 형제요, 아저씨와 조카뻘로 아주 가까운 왕족이다.

　시중 김명, 아찬 이홍, 배훤백 등은 제륭 편이었다. 우징과 김양, 예징은 균정의 편이었다.

　처음 두 파는 화백 회의를 열고 왕을 뽑으려 했다. 그러나 화백 회의는 실패하고 말았다.

　화백 회의는 전원이 찬성해야만 결정하는 제도였다. 서로 왕이 되겠다고 우기니 회의가 제대로 될 리가 없었다.

　시중 김명이 궁궐을 장악하였다. 이 소식을 들은 균정은 피가 머리 끝까지 치솟는 듯했다.

결국 왕위에 제륭이 올랐다. 즉위식을 거행한다고 연락이 왔다.
"안 돼, 절대로 안 돼."
균정은 고함을 지르며 발을 굴렀다. 조카 제륭에게 왕위를 넘겨줄 수는 없었다.
균정은 곧장 궁궐로 달려갔으나 궁궐 문에서 저지당했다.
"내가 상대등이다."
그러나 군사들은 전혀 움직이지 않았다. 제륭의 명령에만 따를 뿐이었다.
당시 귀족들은 사사로이 군사를 거느리고 있었다. 외적의 침공으로부터 나라를 막는 군대가 아니다. 귀족들의 재산과 신변을 보호하는 사병들이었다. 귀족 하나가 3천 명에 달하는 사병을 거느린 경우도 있었다고 한다.
지금 궁궐을 지키는 군사는 제륭과 김명이 거느리는 사병이었다.
"이 역적놈들 같으니라구!"
균정은 뒤따르던 군사들에게 손짓을 했다. 군사들은 성난 물결처럼 밀려들었다. 문을 지키던 제륭의 군사들은 균정의 군사를 막지 못하였다.
"이 역적놈들아, 나와서 무릎을 꿇던지 아니면 칼을 받아라."
균정이 궁궐 문을 들어서면서 소리쳤다. 그 때, 궁궐 안 담모퉁이에서 화살이 수없이 날아왔다.
균정은 화살에 맞아 이내 숨이 끊어졌다. 우징은 아버지 균정의 시체를 업고 도망쳐 장례를 대강 치루었다.
 싸움에서 이긴 제륭은 서기 837년 왕위에 올라, 제43대 희강왕이 되었다.
 희강왕은 자신을 추대한 김명을 상대등, 이홍을 시중 벼슬에 앉혔다.

 청해진의 장보고는 궁금했다. 서라벌에는 아무래도 심상치 않은 먹구름이 일고 있다고 느꼈다.
 '서라벌에 난리가 났다. 많은 군사들이 궁궐을 에워싸고 싸움을 벌였다.'
 소문은 꼬리에 꼬리를 물고 청해진까지 들려 왔다.
 '누가 왕위에 올랐을까? 상대등이 왕위에 올랐으면 좋겠는데.'
 장보고는 정말 그러기를 바랐다. 청해진 대사로 올 수 있었던 건 균정과 우징의 덕이 아니었던가.
 그러나 얼마 안 있어 들려 오는 소리는 장보고를 실망시켰고 불안하게 했다. 좋은 소식이 오기를 기다렸지만 그게 아니었다.
 새 임금이 된 희강왕은 민심을 수습하기 위하여 반대파에게도 죄를 묻지 않았다. 왕위에 올랐으니 사촌 동생인 우징을 죽일 필요가 없었다. 다만 우징의 동태를 감시하도록 했다.
 우징은 마음을 놓을 수가 없었다. 언제 어떻게 될지 불안했다.
 '무슨 수라도 써야겠다. 나와 가족들의 목숨을 지키려면……'

우징은 번개같이 떠오르는 생각에 무릎을 탁 쳤다.

"그래, 거기가 좋을 것 같아."

우징은 장보고를 떠올렸다.

"장보고 대사라면 나를 괄시하지 않겠지."

우징은 한 가닥 희망을 걸고 밤을 타서 서라벌을 빠져 나갔다.

가족과 함께 황산 나루로 향했다. 황산 나루는 지금의 낙동강 하류인 삼랑진 부근이다. 황산 나루에서 배를 타고 청해진으로 갈 생각이었다. 발걸음이 무거웠다. 서라벌을 떠나는 건 죽음보다 더 싫었다. 그러니 발걸음이 무거울 수밖에 없었다.

낮에는 숨었다가 밤에만 길을 걸었다. 우징의 가족들이 사라지자 김명과 이홍은 서로 엇갈린 생각을 했다.

"호랑이를 살려 둔 꼴이 되었네. 후환이 두려운데."

이홍은 김명에게 말했다.

"뭐가 두려워. 앓던 이가 빠진 듯 시원하기만 하네. 우징은 이제 이빨 빠진 호랑이야. 제놈이 어디를 가던 날개 꺾인 독수리 신세인데 무슨 힘을 쓸 수 있어."

김명은 코웃음을 쳤다. 우징은 힘을 잃었다고 생각했다.

'신라는 이제 내 것이나 다름없다.'

김명의 야심은 슬슬 고개를 들기 시작했다.

"대사님, 서라벌에서 어떤 손님이 찾아오셨습니다."

병졸이 달려와서 말했다.

"서라벌에서 오신 손님이라구?"

장보고는 짐작한 대로 일이 터진 걸 느꼈다. 애타게 서라벌의 소식을 기다리던 참이었다. 장보고는 병졸을 따라 달려나갔다.

"이렇게 먼 곳을 기별도 없이 어인 일이옵니까?"

장보고는 우징을 보고 놀랐다. 옛날의 당당하던 모습은 어디 가고 초라하기 그지없었다.

"모든 것이 하늘의 뜻인가 보오. 역적의 무리들이 나라를 돌보지 않고 왕과 충신들을 죽였으나, 그걸 막지 못하고 이렇게 대사에게 의지하러 왔소."

"잘 오셨습니다. 어서 성 안으로 드시지요."

장보고는 우징을 숙소로 안내했다. 우징은 그 동안의 일을 자세히 이야기했다.

"이거 신세를 져서 면목이 없구려."

우징은 장보고의 눈치를 살피며 힘없는 목소리로 말했다. 그 옛날 장보고가 서라벌에 갔을 때, 시중의 자리에 앉아 당당하게 굴면서 자신은 진골 귀족임을 은근히 내세우던 우징이 더 이상 아니었다. 초라한 모습으로 장보고에게 자신의 몸을 낮추어 예의를 갖추었다. 지금은 피난 온 한낱 손님일 뿐이었다.

"다른 걱정은 마시고 여기서 푹 쉬십시오. 먹구름이 걷힐 날이 올 것입니다. 제가 있는 한 여기서는 안심하셔도 좋습니다."

"고맙소, 대사."

우징은 정말로 장보고가 고마웠다. 우징은 장대에 올라가 섬과 바다를 바라보는 것으로 낙을 삼았다. 하얀 이빨을 드러내고 철썩이는 파도, 수없이 드나드는 배를 구경하노라면 시름이 어느 새 사라지곤 했다. 장보고의 인물 됨됨이가 새삼 돋보였다. 청해진을 이렇게 번창하게 만들어 놓을 줄은 미처 몰랐다. 바다에 떠 있는 크고 작은 배는 꼭 서라벌의 남산 위에서 내려다보는 집들 같았다.

'이럴 줄 알았으면 내가 시중으로 있을 때, 좀더 도와 주었으면 좋았을걸……'

우징은 후회스럽기도 하고 부끄럽기도 했다.

그 해 7월, 아찬 예징, 아찬 양순이 우징을 찾아 청해진으로 왔다. 우징의 식구들이 더 늘었다. 우징은 장보고 보기가 미안했다. 신세를 더 많이 진다고 생각했다.

희강왕 제륭은 나라일을 제대로 살피지 못했다. 희강왕이 왕위에 오른 지 삼 년째 되는 서기 838년 음력 정월이었다. 서라벌은 명절 분위기로 들떠 있었다.

'저렇게 무능하고 우매한 왕을 모시다가는 나라가 망하고 말겠다. 왕을 몰아내고 나라를 바로잡아야겠다.'

김명의 야심은 점점 커갔다. 왕을 몰아낼 음모를 꾸몄다.

김명은 이찬 김귀와 아찬 김헌숭을 부추겨 군사를 일으켜 궁궐로 쳐들어갔다.

"아! 이렇게 덧없는 왕위를 뭣 때문에 탐내었던가! 더구나 숙부까지 죽여 가면서. 이제는 김명이 나를 죽이려 하는구나."

희강왕은 이렇게 탄식하면서 스스로 대들보에 목을 매어 목숨을 끊었다.

김명과 이홍을 등에 업고 왕이 된 희강왕은 오히려 그들의 음모에 의해 억울하게 목숨을 끊었다.

김명은 서기 838년 음력 정월, 손쉽게 왕위에 올랐으니, 44대 민애왕이었다.

민애왕은 김귀를 상대등에 앉히고 김헌숭을 시중에 앉혔다.

이 때 김양이 자신의 사병을 이끌고 청해진으로 왔다. 김양은 일찍이 흥덕왕 말년에 무주 도독을 지낸 적이 있었다. 그 때의 경험을 통해 그는 청해진 장보고의 세력이 얼마나 번창하고 있는가를 잘 알고 있었다. 더구나 매년 명절이 되면 장보고는 빠뜨리지 않고 사람을 시켜 무주 도독에게 값비싼 선물을 보내곤 했다.

"김명이 희강왕을 죽게 하고 왕위에 올랐습니다."

김양의 말을 듣고 우징은 주먹을 불끈 쥐었다.

"역적놈을 가만히 두시렵니까?"

우징은 김양의 말에 아무 대답이 없었다.

"이 기회를 놓치시렵니까? 역적을 치는 것은 정의입니다."

그래도 우징은 입을 열지 않았다.

"때를 놓쳐서는 안 됩니다. 빨리 서둘러야 합니다."

김양은 자꾸 다그쳤다.

"조금만 기다리게."

우징은 김양을 달랬다. 군사도 별로 없는데 서라벌로 쳐들어가는 것은 불리하다고 생각했다.

한참을 망설이던 우징은 장보고의 숙소를 찾아갔다.

"장 대사, 아버지의 원수를 갚을 기회가 온 듯하오."

우징은 장보고의 눈치를 살피면서 말했다. 장보고는 조용히 듣기만 했다.

"장 대사, 아버지의 원수만은 꼭 갚아야 되겠소."

우징은 김명의 반란을 자세히 이야기했다.

"장 대사, 나를 좀 도와 주시오. 난 군사가 별로 없소."

우징은 애원하다시피 말했다.

"잘 알겠습니다. 옛 어른들 말씀에도 의로운 일을 보고도 실천하지 않음은 용기가 없음이라 하였습니다. 아직 내겐 용기가 남아 있습니다. 더구나 역적을 물리치는 것은 나라를 위하는 일입니다. 이것은 백성을 편안하게 하는 일이지요. 제가 비록 재주 없으나 기꺼이 도와 드리겠습니다."

"고맙소, 장 대사의 은혜는 결코 잊지 않겠소."

우징은 장보고의 손을 잡고 눈물을 흘렸다.

'내 힘을 발휘할 때가 바로 이 때로구나.'

장보고는 우징이 돌아간 뒤 군사를 어떻게 출동시킬까 하고 궁리를 했다. 술자리를 마련하고 정연을 불렀다.

장보고는 서라벌의 일을 자세히 설명했다.

"어떠니? 네가 아니면 이 난국을 헤쳐 나갈 수 없다. 이때야말로 네가 출세할 길이 트이는 좋은 기회다. 내가 군사 5천 명을 줄 테니 시중의 한을 좀 풀어 줘."

장보고는 정연에게 간곡히 말했다.

"그래, 그렇게 하지."

정연은 쾌히 승낙했다. 군사를 일으키면 승리할 것 같았다.

우징은 장보고와 정연과 함께 작전을 세웠다.

서기 838년(민애왕 1년) 음력 섣달이었다.

김양은 평동장군(동쪽을 평정하는 장군이란 뜻)이 되어 염장, 장변, 정연, 낙금, 장건영, 이순행 등 여섯 장수와 더불어 군사를 거느리고 무주 철야현(지금의 전남 나주군 남평면)으로 진격해 갔다. 먼저 무주 지방에 주둔하고 있던 신라의 지방군을 꺾어 놓아야 했다. 그래야 주력 부대가 서라벌로 진격하더라도 배후를 위협받지 않는다.

민애왕은 이 소식을 듣고 대감 김민주에게 군사를 주어 맞서 싸우게 하였다.

낙금, 이순행 두 장수는 기병 3천 명을 이끌고 김민주와 싸워 크게 이겼다.

민애왕 2년인 839년 음력 윤정월이었다.

청해진 군사가 출동한 지 한 달이 지났다.

김양의 군사는 밤낮으로 행군하였다. 사기가 떨어진 관군은 싸울 생각을 버리고 도망치기에 바빴다.

서기 839년 음력 정월 19일, 힘들이지 않고 달구벌(현재 대구) 언덕에까지 나아갔다.

김양은 군사를 쉬게 하고 관군의 동태를 살폈다.

청해진의 군사가 달구벌까지 왔다는 소식이 서라벌에 전해졌다. 민애왕 김명의 얼굴이 새파랗게 질렸다.

'우징이 장보고에게로 갈 때부터 이런 일이 있을 줄 짐작했지. 그 때 죽이지 못한 게 한이야.'

민애왕은 죽은 희강왕을 원망하기도 했다. 우징의 일당을 죽이자고 했는데 희강왕은 끝내 말을 듣지 않았다.

민애왕은 이찬 대흔, 대아찬 윤린과 억훈을 시켜 청해진 군사를 막게 했다. 그러나 관군의 사기는 꺾일 대로 꺾여 싸워서 이길 수 없다는 것도 알았다. 싸우라는 명령이 내리니 싸우지 않을 수 없었다. 싸우는 척했을 뿐이었다.

달구벌을 떠난 청해진의 군사는 서라벌로 쳐들어가면서 관군을 절반이나 무찔렀다. 관군의 반을 잃은 민애왕은 침통한 얼굴이었다. 나머지 군사들은 슬금슬금 도망치기 바빴다.

민애왕은 서라벌 서쪽 동네의 큰 나무 밑에서 전세를 살피고 있었다. 전세가 불리하자 곁에 있던 시종들도 모두 도망쳐 버리고 말았다. 어쩔 줄을 모르던 민애왕은 왕실의 별장처럼 사용되던 집인 월유택으로 피했다.

청해진의 군사가 달려들어 민애왕의 목에 칼을 꽂았다.

"아버지! 이제야 원수를 갚았습니다."

우징은 민애왕의 시체를 보고 이렇게 중얼거렸다. 우징은 눈물을 닦으며 궁궐을 향해 나아갔다.

서기 839년 2월, 우징이 마침내 왕위에 올랐다. 서라벌의 백성들은 억울하게 죽은 우징의 아버지 균정을 잊지 못하였다. 우징의 후덕한 인품도 잘 알고 있었다. 그래서 새 임금이 된 우징을 반겼다.

신무왕 우징은 달아난 이홍을 붙잡아 목을 쳤다.

승전보는 장보고에게 곧 날아들었다. 그는 즉시 뒷마무리에 착수하였다. 당시 신라는 새 왕이 즉위하면 당나라에 사신을 보내어 이 사실을 보고하고 인정을 받는 형식을 취하고 있었다.

장보고는 당나라에 사람을 보내어 황제에게 이 사실을 알리도록 조치를 취하였다. 평소 무역 거래를 통해 당나라의 고관들을 잘 알고 있었다.

서기 839년 4월 24일, 당나라에서는 청주 병마사 오자진과 최 부사, 왕 판관 등을 보내어 신무왕의 즉위를 축하했다.

이들 축하 사신들은 신라를 다녀온 뒤, 일행 30여 명과 함께 신라방을 방문했다.

"먼 길을 다녀오시느라 수고가 많으셨습니다. 황제 폐하께서 직

11. 왕위 쟁탈전에 휘말린 장보고

접 우리 신라 대왕의 즉위를 축하해 주셔서 저희들은 큰 영광입니다. 머리를 조아려 황제 폐하의 은혜에 감사드립니다."

최운 압아(압아는 신라방을 관리하는 책임자)는 사신들을 맞이하여 큰 잔치를 벌였다.

이것은 장보고가 청해진을 주름잡으면서부터 당나라가 보여 준 호의였다.

장보고의 힘이 당나라에까지 크게 미치고 있었다. 장보고는 당나라에서조차 무시 못할 인물로 떠올랐다.

우징이 왕위에 오른 것은 어디까지나 장보고의 덕이었다.

'장보고 대사의 은공을 어떻게 보답하지!'

왕위에 오른 신무왕 우징은 고민에 빠졌다. 가장 큰 공을 세운 사람이 큰 상을 받아야 하는 건 당연하다. 그런데 어떤 벼슬로 상을 내려야 할지 걱정이 되었다.

상대등이나 시중 벼슬을 내린다면 진골 귀족들은 벌떼같이 들고 일어날 것 같았다. 마음 같아서는 그러고 싶었다. 그러나 진골 출신만이 상대등이나 시중 벼슬을 할 수 있으니 어찌 하랴.

'청해진 대사로 그냥 두고 벼슬을 높여 주면 되겠구나. 그대로 권세를 높여 주면 괜찮겠지!'

우징은 마침내 결정을 내렸.

장보고는 신라의 귀족이 아니었기 때문에 불이익을 당한 것이다.

장보고에게 '감의군사(感義軍使:왕을 대신하여 의로운 군대를 이끄는 사람)'라는 벼슬을 내려 권세를 강화시켜 주었다. 그리고 이천 호에 달하는 주민으로부터 국가를 대신하여 공식적으로 세금을 걷을 수 있는 권리를 인정해 주었다.

장보고는 겉으로는 조금도 불평하지 않았다.

"장 대사, 이번 일이 성공하기만 하면 반드시 대사의 딸을 태자비로 삼겠소."

청해진에서 군사를 출발시킬 때, 우징은 장보고에게 이렇게 약속하였다. 이것은 장보고에게는 파격적인 제안일 수밖에 없었다. 진골 귀족 출신에게 자신의 딸을 시집 보내어 신분의 상승을 꾀할 수 있는 좋은 기회가 되었기 때문이다. 이 기회를 잘 이용하면 자신도 이제 청해진의 패권자라는 지위를 넘어서서 중앙 정부의 고위직에 오를 수 있을지도 모른다는 생각을 했다.

장보고는 이 약속을 굳게 믿었다. 딸이 왕자의 비가 되면 왕자가 왕이 되는 날 왕후가 되는 건 확실하다.

그걸 생각하니 벼슬이 문제가 아니었다. 딸이 왕후가 된다는데 자질구레한 것에 신경을 쓰기 싫었다.

신무왕 우징은 아무 불평 없는 장보고가 더없이 고마웠다. 역시 그릇이 큰 인물이라고 새삼 속으로 우러러봤다.

12. 파도 소리에 묻혀 버린 청해진의 꿈

　신무왕은 나라의 기풍을 새로이 하고 나라를 잘 다스릴 줄 알았다. 그러나 신무왕도 백성들의 기대를 채워 주지는 못했다.
　백성들은 피를 흘리며 왕위를 빼앗은 임금들이 어떤 사람들인지 여러 번 보았던 것이다. 백성의 무관심 속에 신무왕은 새로운 정치를 제대로 펴지 못했다.
　신무왕은 밤마다 악몽을 꾸었다. 저주와 원망으로 가득 찬 욕설을 퍼부으며 밤마다 꿈에 이홍이 나타났다.
　'내가 네놈의 목숨을 앗아 갈 테니 그리 알라.'
　이홍의 말은 신무왕의 마음을 괴롭혔다. 입맛도 떨어지고 잠도 제대로 이루지 못했다. 그러니 몸도 수척해졌다. 아무에게도 말 못하는 괴로운 나날이었다.
　무더위가 극성을 부리는 한여름이었다.
　꿈에 이홍이 나타나 신무왕을 향해 활을 쏘았다. 화살은 신무왕의 등에 꽂혔다. 신무왕은 아픔을 느끼며 깨어났다.
　그로부터 신무왕의 등에 종기가 났다.

꿈에서 화살을 맞은 지 나흘 만에 신무왕은 끝내 이홍의 원혼에 사로잡혀 세상을 떴다. 8월 23일, 왕이 된 지 반년 만에 눈을 감은 것이다.

태자 경응이 왕위에 올랐다. 46대 문성왕이다.

"왕위에 오르신 지 몇 달이 되었다구 그렇게 눈을 감으실 수 있습니까? 고생만 하시다가 가시니 안타깝습니다. 뜻도 제대로 펴보시지 못하고 가시다니……."

장보고는 신무왕의 소식을 듣고 서라벌을 향하여 통곡했다.

"좀더 살아 계셨어야 하는 건데……."

장보고는 신무왕이 자신에게 한 약속이 이루어질 수 있을지 걱정이었다.

문성왕은 왕위에 오르자 나라 안에 크게 사면령을 내리고 죄수들을 풀어 주었다. 어진 정사를 베풀기에 힘을 기울였다.

'장보고가 아니었다면 오늘의 왕의 자리가 누구의 것이 되었을지 모를 일. 장보고의 은공을 잊을 수 없다.'

문성왕은 장보고에게 무엇으로든지 보답하고 싶었다.

"감의군사인 청해진 대사 장보고를 진해장군(鎭海將軍:바다를 다스리는 장군)에 봉하고 조정에서 쓰는 옷들을 내리노라."

문성왕은 몸소 벼슬을 내렸다. 이 조치는, 이제 장보고와 정식으로 임금과 신하의 관계를 맺겠다는 뜻을 담고 있었다.

또 장군이란 직책은 진골 귀족들이 그 동안 독점해오던 직책이었다. 비록 중앙 정부의 군대를 지휘하는 것은 아니었지만, 장군이란 칭호를 내린 것 자체는 매우 파격적인 조치라 할 수 있었다.

문성왕이 처음으로 내린 일이라 신하들은 아무 소리도 못 했다.

장보고는 진해장군의 벼슬도 고맙게 받았다.

'이제 내 딸이 왕비가 될 차례구나. 이런 영광이 어디 있을까?'

장보고는 덩실덩실 춤을 추고 싶을 정도로 기뻤다.

장보고는 희망에 부풀었다. 하루하루의 생활이 즐겁기만 했다.

서기 840년 2월의 어느 날이었다.

"방금 적산포에서 무역선이 들어왔습니다."

"배에 실은 물건이 제대로 내려지는지 물목(물품의 목록)을 보고 잘 챙기도록 하여라."

장보고는 병사에게 이렇게 이르고 창고를 향해 막 걸음을 옮기려 하였다.

그 때, 한 선원이 다가와 장보고에게 편지를 내밀었다.

"대사님, 최운 압아가 편지 두 통을 전해 왔습니다."

"무슨 일인데 편지를 두 통이나 보냈는고?"

장보고는 선원이 내미는 편지를 읽었다.

장보고 대사님!

소인은 일본에서 당나라로 불법을 구하러 온 스님 엔닌을 법화원에 머물게 하고 있습니다. 그는 여러 해 동안 당나라의 이곳 저

곳을 돌아다니며 불경을 베끼고 오대산을 둘러보는 등 부지런히 활동하였습니다. 고생도 많이 했으며 지금은 여기에 머물러 우리들의 도움을 받고 있습니다. 불법을 구하고 난 뒤 적산포에서 청해진을 거쳐 자기 나라로 무사히 돌아가고자 합니다. 대사님께 이런 사정을 잘 말씀드려 달라고 합니다. 대사님의 허락을 기다리겠습니다.

그리고 엔닌이 직접 대사님께 올리는 편지도 함께 보냅니다.

이 곳 신라방은 아무 일 없고 교역품은 생각대로 잘 운반이 됩니다. 이대로 가면 모든 물건이 신라의 무역선으로 죄다 모여들 것 같습니다. 이것은 대사님의 영광이라 하겠습니다.

이만 줄입니다.

최운 삼가 올립니다.

장보고는 최운 압아의 편지를 읽고 또 한 통의 편지를 뜯었다.

생전에 대사를 직접 뵈온 적은 없지만 높으신 이름은 오래 전에 이미 들었사옵니다. 공경하여 우러러 사모하는 마음이 더욱 깊어만 갑니다. 봄이 한창이어서 이미 따사롭습니다. 바라옵건데 귀하신 대사께 만복이 깃드시길 빕니다. 이 엔닌은 대사의 어진 덕을 입었기에 삼가 우러러 뵙지 않을 수 없습니다.

저는 뜻한 바를 이루기 위해 당나라에 머물고 있습니다. 부족한 이 사람은 다행히도 대사께서 세우신 법화원에 머물게 된 것을 큰 영광으로 생각합니다.

제가 고향을 떠날 때 지쿠젠(일본 규슈 지방의 축전)의 태수가 편지 한 통을 주면서 대사께 바치라고 하였습니다. 그러나 갑자기 배가 바다에서 침몰하면서 모든 물건을 잃어 버리고 말았습니다. 그때 대사께 바칠 편지도 함께 파도에 떠내려갔습니다. 이로 인한 슬픔을 하루도 느끼지 않은 적이 없습니다.

엎드려 바라옵건데 심히 꾸짖지 마옵소서. 언제 뵈올지 기약할 수 없으나 다만 대사에 대한 생각만이 날로 깊어집니다.

삼가 글을 바쳐 안부를 여쭈며 이만 줄입니다.

　　　　　　　　　　　　　　일본국 구법승 엔닌 올림
　　　　　　　　　청해진 장보고 대사 휘하에 삼가 올립니다.

이 편지는 서기 840년(문성왕 2년) 2월 17일에 엔닌이 최운 압아에게 보낸 것이다. 인편으로 장보고에게 전하라고 했으니 20여 일이 지나서야 편지를 받은 셈이다.

배는 언제든지 뜨는 게 아니었다. 밀물, 썰물, 해류, 바람이 맞아야 하기 때문에 나루에서 며칠을 보낼 수도 있다. 이 배도 날씨 좋은 날을 가리느라고 며칠을 적산포에서 기다렸다.

장보고는 편지를 읽고 궁금해서 다시 물었다.

"이 편지를 쓴 사람이 누구라 하더냐?"

"예, 당나라로 불법을 구하러 간 엔닌이라는 일본의 스님이라 했습니다."

선원은 최운 압아에게 들은 대로 말했다.

최운은 청해진 병마사란 관직에 있었다. 이는 서라벌 정부에서 준 것이 아니었다. 많은 배와 사람들을 함께 거느리고 있던 장보고는 여러 장사들 중 뛰어난 자들에게 나름대로의 직책을 맡기고 있었다. 그 중에서 병마사는 군사들을 관리하는 직책이었다.

적산포와의 무역이 활발해지자 장보고는 최운을 신라방 압아로 보냈다.

최운은 장보고의 지시에 따라 당나라와의 무역도 관장하였다.

장보고에게 편지를 보내게 된 엔닌은 어떻게 해서 당나라로 들어갔을까?

청해진을 거쳐 간 것은 아니었다.

엔닌은 서기 838년 6월 13일 일본의 하카다 항을 출발하여 풍랑을 만나 황해에서 표류하다가 7월 2일 양자강 입구에 도착하였다.

일본의 뱃사공들이 뱃길을 신라 사람들만큼 잘 알았으면 이런 일은 벌어지지 않았을 것이다. 어쨌든 엔닌은 여러 해 당나라를 돌아다니는 동안 수많은 신라 사람들을 만나 그들의 도움을 받았다. 그리고 장보고가 세운 법화원에 크게 신세를 졌었다.

엔닌은 청해진에 들러 장보고에게 인사를 하고 갈 참이었다.

그런데 배가 풍랑과 해류를 잘못 타고 제주도를 거쳐 명주 쪽으로 흘러간 모양이었다.

만일 엔닌이 청해진에 들렀다면 장보고는 안전한 항로를 알려 주었을 것이다. 아니 무역선을 띄워 뱃길 안내도 하였을지 모른다.

엔닌은 11년 동안 불법을 구하러 당나라를 순례하다가 귀국했다.

장보고는 적산포의 최 압아에게 편지 한 통을 써서 당나라로 떠나는 배 편으로 보냈다. 엔닌을 잘 보살펴 주라고 했다.

"그래, 초주의 형편은 어떠하더냐?"

"예, 새로운 물건들이 수없이 들어오더군요."

"그 밖에는?"

"신라방 사람들이 배를 만들고, 배 수리도 열심히 하고 있었습니다. 우리 배도 초주에서 수리하고 왔습니다."

장보고는 선원의 말에 고개를 끄덕였다.

"그뿐이 아닙니다."

"또 무엇이더냐?"

"신라 사람들이 바다의 뱃길을 안내하고 있었습니다. 60여 명이 전문으로 뱃길을 안내하고 있더군요."

뱃길 안내자가 대부분 신라 사람들이었다. 그만큼 신라 사람들이 뱃길을 잘 알고 있었다는 뜻이다.

초주는 당나라의 남쪽 물품이 북쪽으로 옮겨지는 중심지였다. 진

귀한 물건들을 싣고 뱃길로 동남 아시아를 거쳐 중국에 온 아라비아 상인들도 많이 모였고, 당나라 상인들의 활동이 활발한 곳이기도 하였다. 이곳에 일단 도착한 물건들은 운하를 따라 중국 내륙 각지로 옮겨졌다.

신라 사람들은 여기서 물건을 사서 북쪽 도시로 판매하는 데 종사하고 있었다.

문성왕이 왕위에 오른 지 삼 년째 되는 서기 841년 봄이었다.

지난 날부터 이홍의 편에 서 있던 일길찬 홍필이 이홍의 원수를 갚는다고 반란을 일으키려고 은밀히 일을 꾸몄다.

그러나 그 일이 탄로나 홍필은 밤중에 몰래 배를 타고 섬으로 숨어 버렸다.

수군들을 동원해 크고 작은 섬들을 샅샅이 뒤졌으나 끝내 찾지 못하였다.

'바다의 섬으로 도망친 놈이 다시 큰 일을 꾸미지는 못하겠지.'

문성왕은 크게 걱정하지 않았다. 문성왕은 마음놓고 나라일을 보살폈다.

왕이 된 지 사 년이 되던 해였다.

"어느 집 딸이 왕비로 뽑힐까?"

서라벌 백성들은 왕비 문제로 이야기꽃을 피웠다.

문성왕은 이찬 위흔의 딸을 맞아들여 왕비로 삼았다.

문성왕은 왕비를 맞으면서도 마음 한구석이 개운치 않았다.

"진해장군 청해진 대사 장보고는 왕실의 은인이니라. 그가 아니었다면 내가 어찌 왕위에 올랐겠느냐. 네가 태자의 자리에 앉은 것도 다 그의 덕이다. 그 은혜를 저버리면 아니된다. 내가 그의 딸을 맞아 태자비로 삼겠다고 언약하였느니라. 차비(둘째 왕비)라도 좋으니 그렇게 하라."

문성왕은 아버지 신무왕의 유언이 떠올랐다.

'둘째 왕비로 맞아들여 그의 신세를 갚아야겠다.'

장보고의 딸을 둘째 왕비로 삼는 것은 큰 문제가 되지 않을 것 같았다.

장보고는 문성왕이 왕비를 맞아들였다는 소식을 들었다.

'둘째 왕비로 내 딸을 맞아들이시겠지.'

서라벌에서는 이렇다 할 소식이 없었다. 날이 갈수록 장보고의 마음은 초조하고 불안했다.

'약속은 꼭 지키시겠지.'

장보고는 다시금 마음을 느긋하게 먹었다.

문성왕은 더 이상 둘째 왕비 문제를 자꾸 뒤로 미룰 수는 없다고 생각했다.

'이제는 되든 안 되든 용기를 내야겠다.'

문성왕은 생각을 굳히고 신하들을 불러 모았다.

"돌아가신 선왕(신무왕)의 유언이신데……."

문성왕은 말문을 열면서 신하들의 눈치부터 살폈다. 신하들은 왕이 무슨 말을 하려는지 몰라 가만히 듣기만 했다.

"진해장군 장보고의 딸을 둘째 왕비로 맞아들이라고 하셨소. 선왕의 뜻에 따라 그렇게 할 생각인데 모두의 생각은 어떻소?"

상대등 예징과 시중 김여의 얼굴빛이 달라졌다. 반대하는 빛이 뚜렷했다.

"왕비는 진골 가문에서 택해야 하는 걸 모르는 바는 아니오. 이건 어디까지나 선왕의 유언이고 이미 장보고 진해장군과 언약한 바이오. 그대로 따르지 않을 수 없소."

문성왕은 간곡히 말했다. 신하들은 말이 없었다.

"그러면 반대가 없는 줄로 알고……"

문성왕이 채 말을 끝내기도 전이었다. 시중 김여가 허리를 굽혀 말했다.

"나라에는 법도가 있고 궁중에는 기강이 있사옵니다."

"그런 건 이미 알고 있는 터요."

문성왕은 비위가 조금 거슬렸다. 목소리가 조금 거칠어졌다.

"예로부터 부부의 도리는 인간의 크나큰 질서이옵니다. 나라의 흥망이 여기에 있사오니 삼가심이 좋을 줄 아뢰옵니다."

"그래서 어떻다는 거요?"

문성왕의 목소리는 더욱 거칠어졌다.

"장보고 진해장군은 나라에 큰 공을 세운 건 온 신라가 다 아는 바이옵니다. 신라의 왕비는 진골 귀족이 아니어서는 안 되옵니

다. 장보고 진해장군은 섬에서 태어난 미천한 신분이 아니오니까. 그런 신분의 딸을 왕비로 맞아들인다는 것은 천부당만부당한 일이오니다."

상대등 예징도 강력하게 반대하였다. 예징은 신무왕 우징과 형제간이요, 문성왕의 숙부이다.

문성왕은 아무 말도 못 하고 숨결소리만 높아갔다.

"대왕의 약속은 천금보다 더 무겁다 했사오니다. 대왕이 신의를 저버린다면 백성이 누구를 믿고 따르겠사오니까. 선왕이 언약하신 대로 장보고 진해장군의 딸을 왕비로 맞아들여야 하오니다."

앞서 시중을 지냈던 양순이 앞으로 나와 문성왕을 옹호했다. 양순의 말은 도리에 맞는 말이었다. 그러나 진골 귀족들이 조정을 움켜쥐고 있으니 왕의 마음대로 할 수 없었다.

왕비를 맞아들이는 일에 반대파가 많은 조정에서 양순의 말은 통하지 않았다.

문성왕은 이러지도 못하고 저러지도 못하는 난처한 입장이었다.

반대파의 주장을 따르자니 신의를 저버리는 일이 되고, 찬성파를 따르자니 왕의 자리가 위태로울 것 같았다.

"그러면 둘째 왕비 문제는 상대등의 의견을 따르기로 하겠소."

문성왕은 왕위를 지키는 것이 더 중요했다. 결국 약속을 한 칼에 어기고 말았다.

이 소식은 재빨리 청해진으로 전해졌다. 딸을 왕비로 데려가는 날만 기다리던 장보고에겐 청천벽력 같은 소식이었다. 몸이 부르르 떨렸다.

"뭐라고! 이 은혜를 모르는 귀족놈들."

장보고는 어금니를 지그시 물고 주먹을 불끈 쥐었다. 어릴 적부터 품었던 진골 귀족 벼슬아치에 대한 분노가 폭발한 듯했다.

"나쁜 놈들!"

조정의 신하들이 그처럼 썩은 게 구역질이 났다.

장보고는 꾹 참기로 했다. 문성왕이나 딸을 위해서도 명예로운 일은 아닌 것 같았다. 다만 용단을 내리지 못한 문성왕의 여린 마음을 원망했지 문성왕은 원망하지 않았다.

장보고는 애써 마음을 진정시켰다.

"왜 꾸물거리고 있어. 귀족놈들을 단칼에 베어 버려야지."

정연도 분을 못 참았다. 금방이라도 군사를 이끌고 서라벌로 쳐들어가자고 했다.

"딸 문제로 군사를 사사로이 일으킨다는 것은 싫어. 또 왕의 자리를 욕심낸다는 오해도 받기 싫고."

장보고는 머리를 흔들었다.

정연은 그렇게 말하는 장보고가 답답하게 생각되었다.

"나는 서라벌 조정이나 임금에게 충성을 바치기는 싫어. 신라에 충성을 바치고 싶어. 신라는 내 나라야. 앞으로 천 년 만 년 후손들이 살아야 할 강산이야. 내 몸은 신라에 바친 거야. 신라가 부강하고 잘 되는 것은 모든 백성의 기쁨이 아니겠니? 그 길은 청해진을 지키고 일으키는 거야."
"이대로 있으면 신라는 위태로운 언덕으로 굴러떨어지는 거와 다를 바 없어. 그대로 버려 두면 안 돼. 뒤틀린 진골 귀족들의 생각을 바로잡아야 해."
정연의 말은 허공을 맴돌 뿐이었다.
"네 말도 옳다. 나도 그런 생각이 없는 건 아니다. 그러나 이 일은 함부로 처리해서는 안 돼. 깊이 생각해 보고 어느 길이 옳은지 한 번 생각해 보자."
장보고는 정연을 달랬다. 정연은 화가 풀리지 않아 고함을 버럭 지르며 밖으로 나가 버렸다. 정연은 곧바로 군사 활동을 개시하자고 했다.
청해진의 군사는 서라벌의 관군을 능가할 정도인데 장보고는 망설이고 있었다. 정연은 그게 불만이었다. 장보고는 눈을 감고 깊은 생각에 잠겼다.
서라벌 조정에서는 청해진에서 정기적으로 올라오던 보고가 뚝 끊어지자, 불안해하고 있었다.
"청해진의 장보고 진해장군이 반역의 깃발을 들었다 하옵니다. 딸이 왕비로 뽑히지 못한 데 대한 원한을 품고 군사 1만 명을 한꺼번에 움직여 서라벌을 향해 성난 파도처럼 밀고 들어온다고 하옵니다."

엉뚱한 소문이 서라벌로 퍼졌다. 장보고는 아직도 청해진에서 고민을 하며 깊은 생각에 잠겨 있었다. 근거도 없는 소문이었다. 소문은 이렇게 눈덩이처럼 커져 마침내 문성왕의 귀에도 들어갔다.
 '이거 큰일났구나. 청해진의 1만 군사를 막아낼 힘이 조정에는 없잖은가.'
 문성왕은 덜컥 겁이 났다.
 장보고 장군이 1만 명의 군사를 일으켰다는 것은 맑은 하늘에 천둥번개 같았다.
 서라벌 조정은 벌집을 쑤셔 놓은 것처럼 뒤숭숭했다.
 '내가 잘못했어. 그 때 억지로 우겨서라도 장보고 장군의 딸을 둘째 왕비로 맞았어야 하는 건데. 이젠 엎질러진 물이 아닌가.'
 문성왕은 속으로 크게 뉘우쳤다. 이젠 때가 늦어 어쩔 도리가 없었다. 급히 신하들을 불러 모았다.
 "장보고 진해장군이 1만 명의 군사를 움직여 서라벌로 쳐들어온다는데 그것이 정말이오?"
 문성왕의 목소리가 떨렸다.
 "확실한 정보가 아니옵고 그저 풍문으로 듣고 있사옵니다."
 "어허! 어찌 풍문으로만 우기시오. 어서 염탐꾼을 풀어 빨리 알아보오. 잘못은 짐에게도 있지만 일을 그르치게 한 책임은 여러 대신들에게도 있소. 이 일을 수습할 대책을 세워 보시오."
 신하들은 꿀먹은 벙어리처럼 말을 하지 못했다. 뾰족한 계책이

"대왕 마마! 저의 어리석은 소견으로는 장보고의 군대와 싸워서는 이길 수 없다고 생각하옵니다."

염장이 머리를 조아리며 말했다.

"그렇다면?"

"대왕 마마, 계략을 써서 장보고를 없애 버리는 방법밖에 없는 줄 아옵니다. 장보고와는 평소부터 잘 아는 사이옵니다. 좋은 계책이 있사오니 저에게 맡겨 주시옵소서."

문성왕의 얼굴이 밝아졌다. 염장은 원래 무주 사람이었다. 그는 평동장군 김양이 이끄는 청해진 군사를 지휘하여 민애왕을 몰아내는 데 참가하여 큰 공을 세웠다.

염장은 그 이후 무주 지방의 요직을 맡아 자주 서라벌에 드나들고 있었다.

"조정에서 제 말만 듣는다면 저는 군사 한 명도 고생시키지 않고 빈 주먹만 가지고 장보고의 목을 베어 바치겠습니다."

"좋은 계책이 있다니 그리 알겠다. 부디 성공하길 바란다."

염장을 궁궐에서 물러났다. 염장이 홀로 청해진으로 장보고를 찾아갔다.

염장의 모습은 매우 초라해 보였다.

"서라벌에서 호화로운 생활하는 사람의 몰골이 어찌 그래? 꼭 열흘 굶은 거지 같군."

장보고는 술잔을 들고 빈정거렸다. 장보고는 울분을 달래기 위해

매일 술을 마셨다. 지금도 혼자 얼큰히 취해 있었다.

"호화로운 생활이라니요? 서라벌의 조정은 귀족의 천하입니다. 나같이 미천한 신분이 귀족들에게 사람 대접을 받을 수 있겠습니까. 이렇게 거지처럼 떠돌아다니는 중입니다. 왕과 귀족들의 눈 밖에 났습지요."

염장은 일부러 한숨을 길게 쉬면서 신세 타령을 했다.

"그렇게 어렵게 살았단 말이지. 진작 여기로 올 것이지."

장보고는 경계의 눈초리를 풀었다. 불쌍한 생각이 들어 염장을 동정어린 눈으로 바라봤다.

"장군님이 복수를 하시겠다면 제가 앞장 서겠습니다."

장보고는 기뻐했다. 염장의 거짓말에 그만 넘어가고 말았다.

"우리 술이나 들자구. 가재는 게 편이라구. 우리 같은 미천한 것들도 밟으면 지렁이처럼 꿈틀한다구."

장보고는 술상을 다시 차려 오게 했다. 염장은 온갖 아첨을 떨면서 장보고에게 술을 권했다.

장보고는 염장을 믿고 주는 대로 술을 받아 마셨다.

장보고는 그만 술에 취해 정신을 잃고 말았다.

염장은 갑자기 칼을 뽑아 장보고의 가슴을 찔렀다.

장보고는 눈을 부릅뜨고 몸을 일으켰다가 쿵 하며 쓰러졌다. 피가 옷섶을 붉게 물들였다.

841년 문성왕 3년에 장보고는 눈을 감았다.

너무나 순식간에 일어난 일이었다. 어처구니없는 비극이었다.

염장은 피묻은 칼을 바다에 던졌다.

청해진 대사, 감의군사, 진해장군인 해상왕 장보고는 너무도 허무하게 죽었다.

바다를 제패하려던 장보고의 꿈은 이제 한낱 파도 소리에 파묻혔다.

염장은 장보고의 뒤를 이어 청해진의 군사들을 지휘하고 무역 활동을 계속하려 했으나 마음대로 되지 않았다. 10년이 지난 851년 문성왕 13년에 서라벌 조정은 완도에 설치했던 청해진을 없애 버렸다. 그리고 조정에 반항적인 그곳 주민들을 벽골군(지금의 전북 김제)에 강제로 이주시켜 버렸다.

장보고의 꿈이 완전히 역사의 뒤안길로 사라지는 순간이었다.